BRIGITTE WILMES-MIELENHAUSEN

DAS PAAR BUCH FÜR ELTERN

Wie Sie die Liebe
lebendig halten

INHALT

*»Kinder sind die wirklichen
Lehrmeister des Lebens.«
(Peter Rosegger, österreichi-
scher Schriftsteller)*

*Eine Familie zu organisieren
kostet viel Kraft. Aber auch
der Garten der Liebe braucht
Zeit und Pflege.*

»Alles Alte, soweit es Anspruch darauf hat, sollten wir lieben. Aber für das Neue sollten wir recht eigentlich leben.«
(Theodor Fontane)

EIN WORT ZUVOR

»Herzlichen Glückwunsch zum freudigen Ereignis!«, So heißt es meist, wenn ein Kind zur Welt gekommen ist. Die Geburt ist für ein Eltern-Paar eine bewegende Erfahrung. Glücklich nehmen Frau und Mann den neuen Erdenbürger in Empfang. Dass sich am Anfang alles um das noch hilflose Wesen dreht, ist nur zu selbstverständlich. Besonders die Frau ist jetzt fast rund um die Uhr im Einsatz. Der Mann steht oft etwas hilflos daneben – und manchmal meldet sich bei ihm gar eine leise Eifersucht, wenn er das innige Verhältnis zwischen Mutter und Kind beobachtet.

Auch der Alltag verändert sich plötzlich sehr: Neue Aufgaben, veränderte Rollen von Frau und Mann, weniger Zeit füreinander, vorübergehende »Liebesflaute« sind für die Paarbeziehung oft eine ziemliche Bewährungsprobe. Allen romantischen Vorstellungen zum Trotz: Kinder sind nicht nur die »Krönung der Liebe«. Sie wirbeln die Paarbeziehung der Eltern oft auch ganz schön durcheinander.

Laut diverser Umfragen schätzen die meisten Menschen eine glückliche Paarbeziehung – neben Gesundheit – als den wichtigsten Wert im Leben. Andererseits wird diese Beziehung oft nicht besonders sorgfältig gepflegt. Aber das Glück zu zweit fällt eben nicht vom Himmel, sondern es bedeutet ein gutes Stück Arbeit.

Genau hier setzt dieses Buch an: Es zeigt, auf welche Weise Sie in Ihrem Familienalltag mit Kindern Freiräume für die Partnerschaft gewinnen. Denn die Kunst, als Familie zu leben und doch ein Liebespaar zu bleiben, lässt sich lernen. Sie finden in diesem Buch zahlreiche Tipps und Informationen, wie Sie ganz praktisch – durch Arbeitsteilung, Gespräche, Zeit für Zärtlichkeit und Sexualität sowie das Verständnis für die Situation Ihres Partners – Ihr »Beziehungskonto« immer wieder auffüllen und Ihre Liebe pflegen.

Von der Liebe der Eltern profitieren nicht zuletzt auch die Kinder: Sie wünschen sich meist nichts sehnlicher, als dass ihre Eltern sich gut verstehen und zusammenbleiben. Und selbst wenn es keine Patentrezepte für glückliche Partnerschaften gibt: Viele Zutaten zum Glück liegen in Ihrer Hand.

Brigitte Wilmes-Mielenhausen ist Diplompädagogin, Buchautorin und selbst Mutter von drei Söhnen

WENN PAARE ELTERN WERDEN

Das Baby ist da! Doch statt ungetrübtem *Glück* herrscht jetzt oft erst einmal das *Chaos*. Die jungen Eltern fühlen sich ins kalte Wasser geworfen – und so gar nicht vorbereitet auf den *Alltag,* der jetzt über sie hinwegrollt: Alles ist neu – für *Mann und Frau.*

ALLES NEU – UND SO
GANZ ANDERS ...

ENDLICH: DAS BABY IST DA! NACH MONATEN VOLLER SPANNUNG
UND VORFREUDE UND NACH DEM UNBESCHREIBLICHEN ERLEBNIS
DER GEBURT KOMMT DIE MUTTER MIT DEM KLEINEN BÜNDEL
MENSCH NACH HAUSE – UND NICHTS IST MEHR WIE VORHER. DAS
MERKEN DIE FRISCH GEBACKENEN ELTERN OFT RECHT SCHNELL:
GLÜCK, UNSICHERHEIT, ÄNGSTE, FREUDE, MISSVERSTÄNDNISSE,
AUFREGUNG, SCHLAFLOSIGKEIT – VIELE VERSCHIEDENE GEFÜHLE
UND UMSTÄNDE BESTIMMEN DEN NEUEN ALLTAG.

KINDER VERÄNDERN EINFACH ALLES

Wohl alle Eltern sind sich einig: Kinder sind ein wunderbares Geschenk. Sie bereichern das Leben durch ihre Neugierde und Leben-
digkeit. Sie bieten einer Partnerschaft neue Entwicklungschancen.
Und Kinder geben Frau und Mann die Möglichkeit, bisher vielleicht
unbekannte Fähigkeiten in sich selbst zu entdecken: Verantwortung,
Fürsorge, selbstlose Liebe. Aber was einerseits eine Chance ist, birgt
andererseits Gefahren.

Wenn aus einem Paar eine Familie wird, kommt es zwangsläufig zu
einem Verlust an Nähe in der Paarbeziehung – zugunsten der Nähe
zum Kind. Die Partnerschaft ist jetzt besonders krisenanfällig, es gibt
oft mehr Streitigkeiten. Wenn Sie sich das beide bewusst machen und
nicht dem Partner die Verantwortung für alle Schwierigkeiten zu-
schieben, haben Sie schon einen großen gemeinsamen Schritt getan.

DIE UMSTELLUNG ZUSAMMEN MEISTERN

Wichtig ist es, in dieser Phase des Übergangs offen über die eigenen
Empfindungen, Bedürfnisse und auch Ängste zu sprechen – und sich
gegenseitig zu unterstützen. Der Partner kann nicht ahnen, was in
Ihnen vorgeht. Nur wenn Sie offen sagen, was Sie möchten, haben Sie
die Chance, das zu bekommen, was Sie brauchen.

Besonders die Rollenverteilung zwischen Frau und Mann ist in den
meisten Familien immer noch ein Knackpunkt, an dem sich Meinungsverschiedenheiten und Konflikte entzünden. In dieser Situation

*Viele Menschen erkennen
nicht, dass Beziehungen gepflegt werden müssen. Aber
die Liebe speist sich nicht
aus sich selbst heraus, ohne
je zu versiegen.*

hilft es oft schon, die Rollen auch einmal zu tauschen, sich in den anderen hineinzuversetzen, alles aus dem Blickwinkel des Partners zu sehen – das reduziert den Alltagsstress erheblich.

RIESIGE VORFREUDE – UND DIE LANDUNG IM ALLTAG

Die meisten Babys sind heute Wunschkinder. Werdende Eltern malen sich die Zukunft als Familie oft in schillernden Farben aus. Ist das Kind jedoch auf der Welt, beginnt für die meisten Paare eine schwierige Zeit. Viele meinen dann, diese Phase gehe von allein vorüber, mit dem Älterwerden der Kinder kämen ganz von selbst bessere Zeiten für die Paarbeziehung. Doch Vorsicht: Stillhalten und auf bessere Zeiten hoffen, ist oft das falsche Rezept. Denn gerade in der Anfangsphase als Familie wird auch entschieden, wie es mit der Partnerschaft weiter geht. Viele Beziehungen scheitern in der Zeit, in der die Kinder noch klein sind. Mit anderen Worten: Kinder mischen Partnerschaft und Familie richtig auf. Die Würfel fallen neu.

Wohl jedes Paar hat in dieser Phase mehr oder weniger große Probleme. Diese können natürlich individuell ganz unterschiedlich sein. Einige Lebensumstände machen aber fast allen jungen Müttern und Vätern zu schaffen. Auf den nächsten Seiten lesen Sie, wie Sie damit umgehen – und es schaffen, eine Familie zu werden, aber auch ein glückliches Paar zu bleiben.

Mit Kindern beginnt eine neue Runde im Lebensspiel: Die Karten werden neu gemischt, die Würfel fallen oft nicht so wie geplant – vieles ist plötzlich ganz anders als bisher …

... UND PLÖTZLICH MUTTER –
WAS FRAUEN EMPFINDEN

»GEH MAL ZUR MAMA AUF DEN ARM«, SAGT DER JUNGE VATER.
NOCH GESTERN WAR ER »DER MARTIN« UND SIE »SUSANNE«.
HEUTE HEISST ES SCHON SO SELBSTVERSTÄNDLICH »MAMA«.
DABEI STECKEN IN DIESEM WORT VIELE ERWARTUNGEN – UND
OFT AUCH GANZ WIDERSPRÜCHLICHE GEFÜHLE.

BABYBLUES: GLÜCK UND TRÄNEN

Das erste Foto: Die kleine Familie strahlt. Doch bei vielen Frauen
kippt nach einigen Tagen plötzlich die Stimmung. Bei jeder Kleinigkeit fließen bei der jungen Mutter die Tränen in Strömen. Ursache
für diese Stimmungsschwankungen ist die hormonelle Umstellung,

*Mutter zu sein ist nicht
immer nur pures Glück,
sondern manchmal von
sehr widersprüchlichen
Gefühlen begleitet.*

die der weibliche Körper nach der Geburt zu bewältigen hat. Und es gibt auch psychische Ursachen: Die Frau wird sich plötzlich der großen Verantwortung bewusst. Das ganze Leben wird dieses Kind ihr Kind sein. Sie fragt sich, ob sie der wichtigen Aufgabe gewachsen ist.

GANZ NORMAL: ANGST VOR DEM UNBEKANNTEN

In zahlreichen Kulturkreisen bekommen die Mütter in der Zeit nach der Geburt eines Kindes viel Unterstützung, vor allem von anderen Frauen. In unserer Gesellschaft sind Frauen meist auf sich allein gestellt. Und selbst wenn der junge Vater seine Frau nach der Geburt bei der Pflege und Betreuung des Babys unterstützt: Meist geht er doch kurze Zeit später wieder seinem Beruf nach, und die Frau sitzt mit Kind zu Hause. Hier kann es helfen, mit dem Partner über die eigenen Empfindungen zu sprechen. Unsicherheiten, Ängste und auch Gefühlsschwankungen sind kein persönliches Problem, sondern ganz natürlich. Lediglich bei anhaltenden Depressionen sollten Sie ärztliche und therapeutische Hilfe suchen. Auf jeden Fall sollten Sie diese Empfindungen nicht vorschnell dem Partner oder der Beziehung anlasten.

Kein Wunder, dass vielen »neuen« Eltern ab und an angst vor der Verantwortung wird: Ein Kind ist eine Aufgabe für das ganze Leben.

DER NEUE CHEF HEISST KIND

Ein Kind wirbelt das Leben seiner Eltern zunächst ganz schön durcheinander. Viele Frauen, die oft jahrelang berufstätig waren, vermissen ihren Job und den Umgang mit den Kollegen. Jetzt wird der Tagesablauf vom Kind bestimmt. Babys sind niedlich, kosten aber auch schlaflose Nächte. »Wir kommen zu gar nichts mehr«, sagen viele junge Mütter oder Eltern. Auch spontane Unternehmungen wie Einkaufsbummel, Kino oder Ähnliches bleiben auf der Strecke. Fast alle Aktivitäten müssen geplant werden. Mutter zu sein bedeutet, sich rund um die Uhr um einen anderen Menschen zu kümmern. Das heißt erst einmal: Egoismus ade!

Nach der Geburt fühlen sich viele Frauen selbst bedürftig wie ein Baby. Sie bekommen aber nicht mehr dieselbe Aufmerksamkeit von der Umgebung wie wahrscheinlich noch in der Schwangerschaft. Sie müssen jetzt schnell »funktionieren«, denn schließlich soll das Kind ja so gut wie möglich versorgt werden. Dabei haben sie anfangs noch mit Unsicherheiten zu kämpfen. Aufgaben wie Babypflege, Ernährung, Erziehung müssen neu gelernt werden. Mütter stehen unter einem

hohen Erwartungsdruck der Umgebung. Wenn sich nicht automatisch das Mutterglück einstellt, glauben viele, versagt zu haben.

Muttersein weckt auch Erinnerungen an die eigene Kindheit. Meist wandelt sich das Verhältnis zur eigenen Mutter. Viele Frauen verstehen ihre Mutter jetzt besser. Probleme im Mutter-Tochter-Verhältnis können aber auch wieder neu aufleben, besonders wenn sich die eigene Mutter als Großmutter stark in die Angelegenheiten der jungen Familie einmischt.

Frauen berichten aber auch, dass sie die erste Zeit mit ihrem Kind als neues Lebensglück von Anfang an genießen konnten. Manchmal fällt der Abschied vom Job gar nicht so schwer, wie man vorher befürchtet hat. Dagegen kann es unglaublich aufregend sein, das erste Lächeln, den ersten Zahn oder die ersten Schritte des Kindes miterleben zu dürfen.

DER NEUE ARBEITSPLATZ: WICKELTISCH

Viele Eltern haben noch das Wort »Erziehungsurlaub« im Kopf, obgleich der Gesetzgeber im neuen Erziehungsgeldgesetz von »Elternzeit« spricht. Urlaub weckte leicht die Vorstellung von Erholung. Das Wort »Elternzeit« wertet die Betreuungszeit schon eher als geleistete Arbeit auf und betont die Gleichwertigkeit mit der Berufsarbeit. Trotzdem erleben viele Frauen ihre Arbeit während dieser Zeit immer noch als minderwertig. Und in der Tat bringt der Wechsel vom Schreib- an den Wickeltisch vielen Frauen das Gefühl, nichts Richtiges mehr zustande zu bringen.

Der Tagesablauf mit einem Baby klingt ja auch wirklich alles andere als aufregend: Windeln wechseln, das Baby stillen, den verloren geglaubten Schnuller suchen, das schreiende Kind in der Wohnung herumtragen, Schlaflieder singen, Fingerspiele machen, Babys Bauch wegen Blähungen massieren, Essen zubereiten – und all das vier-, fünf- oder sechsmal am Tag. Außerdem immer wieder vergeblich versuchen, Staub zu saugen, die Steuererklärung anzufangen, zu telefonieren – Tätigkeiten, die alle ziemlich sicher schnell wieder durch Babygeschrei unterbrochen werden.

Hausarbeit und Kinderbetreuung werden in unserer Gesellschaft immer noch nicht wirklich wahrgenommen – und zu wenig geachtet. Und Familienarbeit wird im Gegensatz zu außerfamiliärer Berufstätigkeit nicht bezahlt. Erziehungsgeld und andere Hilfen können die-

»Bei der Geburt jedes Kindes wird einem erneut bewusst, dass ab jetzt nichts mehr so sein wird wie zuvor«.
(Peter Ustinov)

se Lücke nicht wirklich schließen. Viele Frauen erleben die finanzielle Abhängigkeit vom Ehemann als einen Einschnitt, der das Selbstbewusstsein ganz schön ankratzt. Hier helfen nur rechtzeitige Absprachen über die Verteilung des Geldes, am besten schon bevor Kinder da sind (siehe ab Seite 46).

Frauen brauchen in dieser Phase aber vor allem anderen die besondere Wertschätzung ihres Partners. Sie brauchen das Gefühl, dass er diese Umstellungsschwierigkeiten nachvollziehen kann – oder es zumindest wirklich versucht – und dass er ihren Einsatz für die Familie als gleichwertige Arbeit anerkennt.

»Ein Kind ist sichtbar

gewordene Liebe.«

(Novalis)

13

EINMAL DIE TÜR HINTER MIR ZUMACHEN …

Karin (28), eine junge Mutter, berichtet: »Manchmal habe ich mir insgeheim gewünscht, wenigstens einen Tag mal wieder ins Büro gehen zu können. Da könnte ich die Tür hinter mir zumachen und endlich mal eine Arbeit zu Ende bringen. Natürlich genieße ich auch die Zeit mit unserem Kind. Aber ich leide schon manchmal darunter, dass ich jetzt weniger Anerkennung bekomme. Wer lobt einen schon für die geputzte Wohnung oder das gewickelte Kind? Und wenn dein Mann abends fragt: ›Na, was hast du denn den ganzen Tag lang gemacht?‹, dann kannst du schon echte Selbstzweifel kriegen.

IMMER ALLES RICHTIG MACHEN?

Frauen waren wohl nie vorher so gut auf die Geburt vorbereitet wie heute. Gleichzeitig haben sie aber noch nie so hohe Ansprüche an sich selbst gestellt: Sie möchten ihr Kind von Anfang an so gut wie möglich pflegen, erziehen, fördern. Sie wollen den beruflichen Anschluss nicht verpassen, aber gleichzeitig perfekt im Haushalt sein. Und schließlich möchten sie auch noch begehrenswert bleiben und ihre Rolle als Geliebte dem Mann gegenüber erfüllen.

Dass Frauen so hohe Ansprüche an sich selbst haben, hängt zum Teil mit gesellschaftlichen Erwartungen zusammen. Die Medien führen ja schließlich ständig das moderne »Super-Weib« mit Kind vor: Nach der Entbindung geht sie gleich in den Job zurück, um ihre Karriere fortzusetzen. Und nach dem langen Arbeitstag ist sie immer noch gut drauf und nett anzusehen – der perfekt geführte Haushalt nebenher gehört selbstverständlich auch dazu. Viele Frauen eifern unbewusst solchen Bildern nach – und scheitern natürlich an diesen überhöhten Ansprüchen.

Dass Muttersein nicht nur pures Glück bedeutet, sondern manchmal von sehr widersprüchlichen Gefühlen begleitet ist, wollen sich viele Frauen nicht eingestehen. Aber Babys gedeihen nun einmal nicht »nach Plan«. Vielleicht wünschten sich die Eltern im Stillen ein zufriedenes Kind, das sofort durchschläft. Stattdessen bekamen sie ein Schreikind mit Koliken. Und selbst wenn es nicht so arg kommt und das Kind eher unkompliziert ist: Kinderkriegen ist für die meisten Paare eine Art »Praxisschock«.

Familienarbeit findet auch heute immer noch zu wenig Anerkennung.

LASSEN SIE RUHIG AUCH MAL DAMPF AB!

Viele junge Mütter versuchen ein Bild zu verkörpern, das gar nicht mit ihren tatsächlichen Gefühlen übereinstimmt: Freudestrahlend sprechen sie pausenlos über ihr Baby, statt auch mal über ihre eigenen Empfindungen zu reden. Wenn aber der Blick immer nur auf das Kind gerichtet ist, kommen Sie als Frau irgendwann einfach zu kurz. Da hilft nur eines: Machen Sie sich Luft! Klagen Sie ruhig hin und wieder. Klagen hat nichts mit Versagen zu tun.

Allerdings sollten Sie darauf achten, wem Sie was erzählen. Leute, die denken: »Mein Gott, stellt die sich an«, sind sicher nicht die richtigen Gesprächspartner. Eine Freundin, die gerade selbst ein Kind bekommen hat, oder die Frauen aus der Spielgruppe werden dagegen mehr Verständnis zeigen. Und wie ist es mit Ihrem Partner? Vielleicht kann er Ihre Empfindungen besser aushalten, als Sie glauben. Fragen Sie ihn doch einfach mal!

DEN EIGENEN WEG FINDEN

Bei vielen Frauen ist jetzt das Selbstbewusstsein angekratzt, zum Beispiel, weil sie vorübergehend nicht berufstätig und damit finanziell vom Mann abhängig sind. Auch die ganze Umstellung des Lebens kann verunsichern. Dazu kommen noch unterschiedliche Meinungen über Kinderbetreuung und -erziehung, die auf junge Eltern niederprasseln, wobei die verschiedenen Theorien oft mehr verwirren als helfen. Stärken Sie Ihr Selbstbewusstsein, indem Sie ...

- sich eine eigene Meinung bilden und vor anderen vertreten (etwa zu den Themen Kinderpflege, Erziehung, Berufstätigkeit).
- klare Grenzen setzen. (»Das ist unsere Sache.«)
- sich Ihre eigenen Vorzüge, Ihren Wert und Ihre Fähigkeiten bewusst machen. Bei starken Selbstzweifeln kann es helfen, sich einmal eine Liste der eigenen Fähigkeiten zu machen. (»Ich führe den Haushalt selbstständig, bin eine einfühlsame Mutter, finde noch Zeit für Freunde und Bekannte, habe eine gute Ausbildung und beruflich schon einiges erreicht ...«) Hängen Sie die Liste gut sichtbar auf und schauen Sie im Alltag immer wieder darauf.

Wenn Sie für sich klären möchten, was Ihnen in Ihrer jetzigen Situation und für die Zukunft wichtig ist, kann vielleicht die folgende Übung helfen: Zeichnen Sie einen Weg auf ein Blatt Papier und schreiben Sie rechts und links des Weges in Stichworten auf, was Ihnen im

Suchen Sie ruhig nach individuellen Lösungen, auch wenn diese vielleicht unkonventionell erscheinen. Und machen Sie sich immer wieder bewusst, dass Sie allen Grund haben, auf sich stolz zu sein – auch wenn manche Tage nicht so laufen, wie Sie es sich wünschen.

IN DIE MUTTERROLLE HINEINWACHSEN

➤ Sie können in Ihre neue Rolle als Mutter besser hinein wachsen, wenn Sie versuchen, all Ihre Gefühle anzunehmen. Bewerten Sie nicht bestimmte Gefühle als »gut«, andere als »schlecht«. Selbst wenn Sie jetzt häufig denken: »Das ewige Kindergeschrei geht mir auf die Nerven ...«, »Warum klappt es mit dem Stillen nicht? ...«, »Warum bin ich nur immer so kaputt?«: Nehmen Sie auch solche Gefühle an. Enttäuschung, Unsicherheit und Erschöpfung gehören genauso zu Ihrem Leben als Mutter wie die schönen, glücklichen Momente mit Ihrem Kind. Sagen Sie sich deshalb: »Alles das, was ich empfinde, ist o.k.«

➤ Kaum einer spricht darüber, aber bei vielen Müttern ist die Liebe zum Kind nicht gleich vom ersten Augenblick an da. Sie braucht Zeit, um zu wachsen. Darüber hinaus verändert sich die Beziehung zum Kind ständig.

➤ Besonders in der ersten Zeit nach der Geburt brauchen junge Mütter Zeit und Ruhe. Nur so können sie ihr Kind wirklich kennen lernen. Ruhe bekommen Sie aber nur, wenn Sie sich welche organisieren: Zeigen Sie gegenüber Freunden und Verwandten, dass Sie jetzt einfach viel Zeit für sich selbst und Ihr Kind brauchen. Manchmal hilft schon ein Anrufbeantworter mit der freundlichen Ansage: »Wir sind mit unserem Kind beschäftigt, melden uns später.«

➤ Seien sie nachsichtig mit sich selbst. Sie werden jeden Tag neue Erfahrungen, aber auch neue Fehler machen. Mit der Zeit werden Sie erfahrener und auch gelassener.

➤ Wenn Großeltern, Freunde und Bekannte alles besser wissen und Sie mit gut gemeinten Ratschlägen verfolgen: Vertreten Sie freundlich, aber bestimmt Ihre eigene Meinung. Das schließt ja nicht aus, dass Sie hin und wieder notwendige Hilfe annehmen, wo sie welche brauchen.

➤ Schließen Sie sich einer Gruppe an (PEKiP-Kurs, Spielgruppe). Wenn Sie Gelegenheit haben, mit anderen Müttern zu reden und Erfahrungen auszutauschen, gewinnen Sie auch mehr Sicherheit im Umgang mit Ihrem eigenen Kind (siehe auch Seite 83). Und Sie erkennen, dass andere Mütter ähnliche Zweifel und Probleme haben wie Sie.

Geben Sie sich selbst Zeit: Keine Frau ist von heute auf morgen die perfekte Mutter.

Moment wichtig ist. Vielleicht steht dort: Mit meinem Kind spielen, mich mit anderen Müttern treffen, mehr Zeit mit meinem Partner verbringen oder Ähnliches. Und Sie können auch an das Ende des Weges ein Ziel schreiben, wenn Ihnen eines einfällt. Vielleicht: Wir planen ein zweites Kind, oder: Ich möchte in einem Jahr wieder halbtags in den Job zurück. Wer seine Situation klärt, blickt besser durch und verliert seine Ziele nicht so leicht aus den Augen. Das schafft Sicherheit und Selbstbewusstsein.

VERANTWORTUNG ABGEBEN – LOSLASSEN LERNEN

Wichtig ist in dieser Phase: Obwohl Männer im Haushalt und in der Kindererziehung vieles anders machen als Frauen: Anders bedeutet wirklich nur anders – und nicht schlechter. Da nimmt der Mann nach Meinung seiner Frau vielleicht das falsche Waschpulver oder legt die Wäsche verkehrt zusammen. Viele Frauen vertreiben leider ihre Männer aus dem häuslichen Bereich, weil sie mit kritischen Blicken und Bemerkungen zeigen, dass »Mann« ihnen vieles nicht recht machen kann. Ein Teufelskreis beginnt. Schließlich zieht der Mann sich zurück und hat sogar das Alibi: »Du wolltest es ja so!« Deshalb sollten Sie als Frau die Dinge gelassen sehen – und Ihr Mann das Feld nicht vorschnell räumen (siehe auch ab Seite 24).

Im Kontakt mit ihrem Baby haben Mütter jede Menge Hautkontakt. Dabei bleibt der Partner manchmal auf der Strecke.

WICKELN, STILLEN, BABY-SCHMUSEN – WIE VIEL NÄHE BRAUCHT EINE FRAU JETZT NOCH?

Ein Leben mit kleinen Kindern bedeutet viel körperliche Nähe. Beim Wickeln, Baden, Stillen und Füttern ergeben sich jede Menge körperliche Berührungen. Die meisten Frauen genießen das wohlig warme Gefühl, ihr Baby an die Brust zu legen und zu stillen. Selbst wenn die meisten jungen Väter das Stillen bejahen, so können sie doch dieses innige Gefühl zwischen Mutter und Kind nicht wirklich nachempfinden. Manche Männer haben auch Probleme damit, dass der Busen als erogene Zone jetzt mehr dem Kind gehört als ihnen.
Bei dem engen Körperkontakt zwischen Mutter und Kind stellt sich die Frage: Wie viel Nähe braucht »Frau« noch vom Partner? Schließlich soll ja die Partnerschaft nicht auf der Strecke bleiben. Immer wieder berichten Frauen, dass sie durch den Hautkontakt mit dem Kind innerlich satt seien. Müde und geschafft, wollen sie abends einfach nur noch ihre Ruhe haben.

Unbeschwerte Stunden zu
zweit brauchen gerade junge
Eltern immer wieder einmal.
Nehmen Sie sich bewusst
Zeit für Ihre Partnerschaft.

LIEBE UND SEX ALS ELTERN-PAAR: WIE SIE NEU ZUEINANDER FINDEN

Was die eigentliche Sexualität anbelangt, so sind viele junge Mütter anfangs zurückhaltend. Vielleicht haben sie noch nicht mit dem Partner über die wieder aktuelle Verhütungsfrage gesprochen (Tipps dazu auf Seite 21). Vielleicht sind die Geburtswunden noch nicht endgültig verheilt. Besonders Frauen, die einen Dammschnitt hatten, leiden beim Sex zuweilen unter Schmerzen. Der Östrogenmangel in der Stillzeit macht die Scheide trockener und empfindlicher, was der Lust auch nicht unbedingt entgegenkommt. Hier kann ein Gleitmittel oder ein mildes Massageöl helfen.

Ein anderer Grund für die sexuelle Zurückhaltung vieler Frauen ist das veränderte Körpergefühl. Manche junge Mutter findet sich jetzt nicht sonderlich begehrenswert. Sie sieht die Model-Ideale und findet sich im Vergleich dazu eher unförmig. Solche Vergleiche machen aber nur unzufrieden. Stehen Sie zu Ihrer neuen Weiblichkeit! Wenn Sie sich selbst wieder wohl in Ihrem Körper fühlen, sind Sie bestimmt auch offen für Ihren Partner. Wie Sie Ihr Verhältnis zum eigenen Körper positiv verändern können, erfahren Sie auf Seite 153.

Übrigens soll auch einmal erwähnt werden, dass nicht alle Frauen unter dem so oft zitierten Lust-Defizit nach der Geburt leiden. Einige möchten das Liebesleben so schnell wie möglich wieder so haben wie früher. Und es gibt auch Männer, die mit der neuen Situation erst einmal nicht umgehen können. Auf jeden Fall sind jetzt viele Paare einfach unsicher beim Thema Sex und auch beim körperlichen Miteinander. Werden Annäherungsversuche aber immer wieder ignoriert oder direkt zurückgewiesen, führt das oft zu noch mehr Unsicherheit, manchmal auch zu schlechter Laune, Streit und Krisen. Sprechen Sie über das, was Sie sich wünschen, denn gute Gespräche sind in jedem Fall positiv für Ihre Beziehung (siehe ab Seite 92).

Vergessen Sie nicht, dass Ihre Beziehung als Paar auch die Basis Ihrer Familie ist.

DAMIT WIR UNS NICHT VERLIEREN: EIN »SPICKZETTEL« FÜR SIE

- Kuscheln Sie sich beim Stillen Ihres Kindes hin und wieder an den Partner. Zu Babys Badestunde kann es auch mal ein Bad zu dritt geben. Oder Sie gönnen sich ein Bad zu zweit, wenn das Baby schläft. Und nicht nur Babys, sondern auch Väter lieben Hautkontakt. Massage-Künste können Sie auch an ihm ausprobieren.

■ Neben der eigentlichen Sexualität gibt es die Welt der Erotik (siehe auch ab Seite 128). Gerade das erste Jahr mit dem Kind kann eine erotische Entdeckungsreise werden: Schenken Sie Ihrem Partner einen liebevollen Blick. Berühren Sie ihn im Vorübergehen. Sagen Sie ihm ein nettes Wort. Zwischen Partnern gibt es oft eine ganz eigene Sprache. Übrigens: Babysprache ist ganz nett, eignet sich aber nicht für den Austausch zwischen zwei erwachsenen Menschen.

■ Schauen Sie Ihren Partner genauso aufmerksam an wie Ihr Baby. Wie bewegt er sich? Wie ist sein Gesichtsausdruck? Entdecken Sie liebenswerte Kleinigkeiten.

■ Sprechen Sie offen über Ihre gemeinsame Sexualität: Gesten sind zwar wichtig, sie sind aber häufig auch missverständlich. Ein offenes Wort bringt oft mehr Klarheit. Lust sollte nie ein Zwang sein, und Normen für Sexualität darf es nicht geben. Lieber die vorübergehende Lustlosigkeit offen ansprechen, denn das ist ehrlicher und entspannender als Sex als Pflichtübung.

■ Sprechen Sie auch über das Thema Verhütung (Tipps siehe Kasten rechts). Allein die Vorstellung, die Frau könnte gleich nach der Geburt wieder schwanger werden, wirkt sich nämlich bei vielen Paaren als Lustbremse aus. Sprechen Sie mit Ihrem Frauenarzt oder Ihrer -ärztin über Verhütung. Informieren Sie sich über die Vor- und Nachteile der einzelnen Methoden. Nehmen Sie die Informationen als Grundlage für ein Gespräch mit Ihrem Partner und finden Sie gemeinsam eine Lösung, die beiden entspricht.

■ Bei kleinen Kindern müssen Liebesstunden manchmal regelrecht organisiert werden. Warum nicht Babys Mittagsschlaf für eine Kuschelstunde mit Ihrem Partner nutzen?

■ Gegen die ständige Müdigkeit hilft übrigens das wechselseitige Ausschlafen am Wochenende, während der Partner mal früher aufsteht und das Kind versorgt.

■ Reden Sie ruhig auch mit einer guten Freundin über das Thema Partnerschaft und Sexualität. Leider sind diese Themen immer noch mit Tabus behaftet. Lieber sprechen Frauen über Windelsorten, Kindermenüs oder Impftermine. Wenn es aber gelingt, offen zu sein, so kommen manchmal bemerkenswert ehrliche und hilfreiche Gespräche dabei heraus. Und Sie werden feststellen, dass andere junge Eltern ganz ähnliche Probleme haben wie Sie.

■ Lesen Sie auch den Spickzettel für Ihn ab Seite 28.

Die meisten jungen Mütter brauchen eine gewisse Zeit, bis sie sich in ihrem veränderten Körper wieder so richtig »zu Hause« fühlen.

VERHÜTUNG: JA – ABER WIE?

Verhütung während der Stillzeit muss einerseits sicher sein, soll aber andererseits die Milchbildung und -qualität nicht beeinträchtigen. Vor allem darf sie keine negativen Folgen für das Baby haben. Stillen selbst ist übrigens kein sicherer Schutz vor einer erneuten Schwangerschaft! Deshalb sind zusätzliche Verhütungsmittel nötig. Geeignet sind Kondom, Spirale und Mini-Pille (eventuell auch ein Diaphragma).

➤ Bei Kondomen ist die richtige Handhabung wichtig. Die Verhütungsmethode ist weniger sicher als die Verhütung mit Pille oder Spirale. Wenn Sie zusätzlich zu einem Kondom ein Gleitmittel verwenden, sollten Sie ein speziell für Kondome zugelassenes Gleitmittel kaufen. Manche Cremes und Öle greifen das Material des Kondoms an und beeinträchtigen die Sicherheit.

➤ Vorteil der Spirale ist die hohe Sicherheit. Je nach Typ muss sie erst nach 3 bis 5 Jahren gewechselt werden. Die Spirale kann eingesetzt werden, wenn sich die Gebärmutter wieder zurückgebildet hat (etwa 6 bis 8 Wochen nach der Geburt). Nachteil: Das Einsetzen kann unangenehm sein. Manchmal wird die Spirale abgestoßen oder muss wegen Schmerzen wieder entfernt werden.

➤ Während die Kombinationspille in der Stillphase ungeeignet ist (Östrogene behindern die Milchproduktion, außerdem könnte das Baby Hormone mit der Milch aufnehmen), ist die Mini-Pille eine gute Alternative. Sie enthält nur das Hormon Gestagen, und davon auch weniger als die Kombinationspille. Allerdings muss die Mini-Pille täglich immer zur selben Zeit eingenommen werden. Wird das getan, ist sie – in Kombination mit dem Stillen – sehr sicher.

➤ Für einige Frauen ist auch das Diaphragma eine Alternative. Es muss vom Arzt angepasst werden – auch wenn Sie schon vor der Schwangerschaft ein Diaphragma hatten. Denn das »alte« wird wahrscheinlich durch die körperlichen Veränderungen während der Schwangerschaft nicht mehr passen.

➤ Natürliche Methoden, wie Schleim- und Temperaturmethode, sind während der Stillzeit ungeeignet, da durch den noch unregelmäßigen Zyklus die unfruchtbaren Tage nicht genau zu bestimmen sind. Zudem setzen natürliche Methoden viel Erfahrung voraus, die nicht jede Frau mitbringt.

Wie stellen Sie beide sich Ihre weitere Familienplanung vor? Erstaunlich viele Paare versäumen es, konkret darüber zu sprechen, ob und wann weitere Kinder erwünscht sind.

AUF EINMAL VATER –
WIE MÄNNER IHRE ROLLE SEHEN

VATER WERDEN IST NICHT SCHWER. ABER WIE FÜHLT EIN MANN SICH IN SEINER NEUEN ROLLE? VIELE MÄNNER MACHEN DICHT, REDEN ZU WENIG ÜBER IHRE GEFÜHLE. WAS VERÄNDERT SICH, WENN MANN PLÖTZLICH FÜR EINE FAMILIE VERANTWORTLICH, GLEICHZEITIG ABER IRGENDWIE »AUSSEN VOR« IST?

AUF PLATZ ZWEI? DIE LEISE EIFERSUCHT

»Prima, wir bekommen ein Kind«, hatte der werdende Vater vielleicht gleich nach der frohen Nachricht zusammen mit seiner Frau jubiliert. Gemeinsam mit ihr besuchte er den Geburtsvorbereitungskurs, massierte ihr den Rücken und lernte die neuesten Wickelmethoden. Damit war er automatisch in den Kreis der »neuen Väter« aufgenommen. Doch wer sind die neuen Väter? Und wer waren die alten?
Die »alten Väter« betrachteten Kinderkriegen nur als Frauensache. Sie überließen Hausarbeit und Kindererziehung der Ehefrau, die meist zu Hause blieb und sich vor allem mit Hausarbeit und Kindererziehung beschäftigte. Der Mann war Haupternährer der Familie, ging hinaus »ins feindliche Leben«, den Dschungel der Berufswelt. Heute wollen Väter vieles anders machen. Sie tragen ihre Kinder in Tragetüchern durch die Stadt, wissen, wie man im Handumdrehen

Viele junge Väter leiden jetzt unter der stillen Eifersucht, denn alles dreht sich im Moment um Frau und Kind.

DER BEWEGENDSTE MOMENT ÜBERHAUPT

Martin (31 Jahre): »Nach der Geburt unserer Tochter habe ich zum ersten Mal in Gegenwart meiner Frau geheult. Ich hätte nie gedacht, dass mir das alles so unter die Haut gehen würde. Früher hatte ich immer das Gefühl, mich wirft so schnell nichts um. Als unsere Tochter Carla da war und mich anblinzelte, ist mit einem Mal der ganze Stress von mir abgefallen. Ich war so dankbar, dass alles gut gelaufen ist. Die Geburt von Carla war das Beste, was ich bisher erlebt habe. Einfach überwältigend.«

ein Kindermenü zaubert, und scheuen sich nicht, auf Kindergeburts-
tagen als Clown aufzutreten. Doch trotz ihres Einsatzes können sie –
dank Mutter Natur – eines noch nicht: die Kinder zur Welt bringen.
Selbst wenn sie bei der Geburt ihrer Frau Mut zusprechen: Sie sind
doch nur jemand, der dabeisitzt. Kein Wunder, dass manchmal eine
leise Eifersucht aufkommt, denn schließlich ist jetzt das Kind in die
Mitte der Zweisamkeit gerückt. Diese Eifersucht, die natürlich nicht
immer auftreten muss, gestehen sich nur wenige Väter wirklich ein.
Darüber hinaus weckt die Vaterrolle aber auch ganz neue, weiche,
gefühlsbetonte Seiten im Mann. Nicht wenige Männer sind von der
Geburt ihres Kindes so bewegt, dass erst einmal die Tränen fließen.

ZWISCHEN FREUDE UND ZWANG

Eine Art »Babyblues« gibt es auch bei Männern. Und mancher Vater
tut sich anfangs schwer mit der neuen Verantwortung. Während die
Frau fast rund um die Uhr für Babys Wohlergehen sorgt, kreisen die
Gedanken vieler junger Väter jetzt oft darum, wie sie ihre Familie
finanziell über die Runden bringen. Wenn die Frau vorübergehend
nicht berufstätig ist, ist ja der Mann jetzt Haupternährer der jungen
Familie, und diese Verantwortung kann sehr belasten. Berufliche
Misserfolge und Unsicherheiten wiegen nun stärker, denn immerhin
hängt eine ganze Familie an einem Job. Das kann Kopfschmerzen und
schlaflose Nächte bereiten.

*Während Frauen 9 Monate
Schwangerschaft haben, um
sich gedanklich an den
neuen, kleinen Menschen zu
gewöhnen, können die mei-
sten Väter erst etwas mit
dem Thema »Kind« anfan-
gen, wenn das Baby dann
tatsächlich da ist.*

Männer machen im Haushalt und im Umgang mit den Kindern vieles anders – nicht schlechter.

EINE GROSSE PORTION VERANTWORTUNG

Der berufliche Stress nimmt ohnehin in vielen Jobs rapide zu. Da sehnt sich der Mann vielleicht nach der »Insel Familie«. Doch kaum schließt er die Wohnungstür auf, schon überfällt ihn das turbulente Familienleben: Kindergeschrei, Berge von Spielzeug auf dem Boden und eine Ehefrau, die gerade nicht so erfreut dreinschaut, weil das Baby sich eben mit Brei bekleckert hat. Der Mann bekommt jetzt oft nicht das, was er braucht: eine Portion Verständnis, Ruhe und ein paar Streicheleinheiten. Hat er das Gefühl, zu kurz zu kommen und mit seinen Bedürfnissen bei ihr nicht landen zu können, tritt er vielleicht die Flucht an: Manche junge Väter machen freiwillig Überstunden im Büro, nehmen zusätzliche Ämter an, gehen häufiger auf den Fußballplatz, ins Fitnessstudio oder in die Kneipe.

Es ist auch gar nicht so selten, dass Männer gerade während der Schwangerschaft ihrer Frau oder kurz nach der Geburt des Kindes fremdgehen. Das bedeutet nicht unbedingt das Ende der Ehe, ist aber für die Partnerschaft sicher belastend. Männer, die in dieser Zeit eine Affäre haben, suchen das, was ihnen momentan zu Hause fehlt: ungeteilte Aufmerksamkeit, Zuwendung, Anerkennung und sexuelle Bestätigung. Die Flucht in eine Affäre ist aber nicht die Lösung des Problems. Sagen Sie stattdessen Ihrer Frau, was Ihnen fehlt, bleiben Sie miteinander im Gespräch – und versuchen Sie auch, Ihre Partnerin im ungewohnten neuen Alltag zu entlasten.

VATER UND KIND: EINE BEZIEHUNG WÄCHST

Wenn der Vater von Anfang an präsent ist, gehört er auch von Anfang an zum Team. Untersuchungen der amerikanischen Wissenschaftler Carolyn und Philip Cowan zeigen: Die Partnerschaft ist in den ersten Jahren mit Kindern umso stärker belastet, je weniger sich der Vater um das Baby kümmert und je weniger er bereit ist, die neuen Aufgaben mit seiner Frau zu teilen.

Deshalb sollte gleich nach der Geburt das gemeinsame Erledigen aller Pflichten beginnen: Vielleicht nehmen Sie sich nach der Geburt ein paar Tage Urlaub. Kümmern Sie sich um Mutter, Baby, eventuelle Geschwister und – soweit Sie es schaffen – um den Haushalt. Ihre Frau ist in der ersten Zeit sicher noch erschöpft. Streicheleinheiten für sie sind jetzt genauso wichtig wie das Schmusen mit dem Baby. Natürlich können Sie auch Verwandte und Freunde um Unterstüt-

IN DIE VATERROLLE HINEINWACHSEN

➤ Wenn Sie Eifersucht gegenüber Ihrem Kind spüren, so lassen Sie das Gefühl zu. Sagen Sie sich: »Das ist o.k. so, wie ich es empfinde.« Denken Sie daran, dass Sie mit diesen Gefühlen nicht allein dastehen. Viele junge Väter haben ähnliche Empfindungen.

➤ Natürlich gibt es die Liebe auf den ersten Blick zwischen Vater und Kind. Allerdings ist dieses Feuer von Anfang an keineswegs die Regel. Meist braucht das Duo Vater-Kind eine Zeit, um wirklich zueinander zu finden. Frauen haben es da leichter. Durch Schwangerschaft und Stillen ist der Körperkontakt von Anfang an enger. Diesen Vorsprung können Sie als Vater ein Stück weit aufholen. Sie können zwar nicht stillen, aber Sie können Ihre Frau beim Stillen hin und wieder in den Arm nehmen. Sie können mit Ihrem Baby spazieren fahren, es baden, wickeln, mit ihm spielen. Suchen Sie so viel Körperkontakt wie möglich zum Kind.

➤ Achtung, Rollen-Falle! Viele moderne Väter haben die besten Vorsätze: nachts aufstehen, das Kind wickeln, bei der Hausarbeit helfen. Doch zwischen Theorie und Praxis liegen oft Welten. Die meisten jungen Väter überlassen Windelwechsel und Babybaden nach einiger Zeit doch wieder der Mutter. Trotz guter Vorbereitung auf die Geburt fehlt es vielen vor allem an männlichen Vorbildern, mit denen sie sich identifizieren können. Kennen Sie Männer, die in puncto Kinderpflege wirklich bei der Stange bleiben? Gehen Sie auf die Suche und schauen Sie genau hin! Vielleicht finden Sie nicht im ersten Anlauf welche, aber es gibt doch hier und da hoffnungsvolle Beispiele. Knüpfen Sie Kontakte zu solchen Männern und tauschen Sie untereinander Erfahrungen aus. Vielleicht haben Sie noch ein paar Telefonnummern von Vätern aus dem Geburtsvorbereitungskurs, mit denen Sie sich besonders gut verstanden haben. Rufen Sie doch mal an!

➤ In der Regel wird Ihre Frau die meiste Zeit mit dem Kind verbringen. Als Mann können Sie sich jedoch am Abend, wenn der Tagesstress von Ihnen abgefallen ist, für die Entwicklung des Kindes interessieren. Fragen Sie nach, wie der Tagesablauf war und ob es Besonderheiten gab. Übernehmen Sie – vielleicht im Wechsel mit Ihrer Frau – das Gute-Nacht-Ritual.

Wenn Sie als Vater sich von Anfang an um das Baby kümmern, so gewinnt auch Ihre Partnerschaft.

Männer können Frauen besser verstehen, wenn sie immer wieder einmal hinter die »Kulisse« Haushalt und Erziehung gucken.

zung bitten – beziehungsweise angebotene Hilfe annehmen –, aber in der ersten Phase ist meist erst einmal Kleinfamilie angesagt, bis sich der Lebensrhythmus halbwegs wieder eingependelt hat.

Viele Männer treten schnell den Rückzug an, wenn sie nicht wissen, wie sie sich einbringen können – oder wenn sie glauben, in der Beziehung zwischen Mutter und Kind bliebe gar kein Platz für sie. Fragen

Sie Ihre Frau ruhig immer wieder und setzen Sie die von Ihnen angebotene Hilfe auch wirklich um.

Selbst wenn Männer oft als weniger gesprächsbereit gelten als Frauen: Scheuen Sie sich als Mann nicht, Ihre Empfindungen in Worte zu fassen. Sprechen Sie mit Ihrer Frau noch einmal über das große Ereignis der Geburt. So bleibt dieses Erlebnis als eine gemeinsame Erfahrung in Erinnerung, die die Partnerschaft bereichert hat.

GAGA-GAGA-BABYGEPLAPPER: IST DAS MÄNNLICH?

»Mit ganz kleinen Kindern kann ich noch nicht so viel anfangen«, sagen manche Männer. Denn nicht selten empfinden Männer Babyspiele als unmännlich und ziemlich gewöhnungsbedürftig. Nach traditionellen Vaterbildern ist es vielleicht eher vorstellbar, dass der Vater mit seinem Kind ein Fahrrad repariert, ein Indianer-Camping macht oder zum Fußballplatz geht. Doch auch »harte Kerle« können schmusen, singen, erzählen, kitzeln, Kinder zu Bett bringen und ihnen Schlaflieder vorsingen.

Auch wenn Mütter zu behütend sind, ist es oft die Aufgabe des Mannes, sie darauf aufmerksam zu machen und vielleicht sogar die Notbremse zu ziehen. Das könnte der Vater, indem er sich selbst mehr in die Beziehung zum Kind einbringt. Das ist wichtig, sowohl für die eigenständige Entwicklung des Kindes als auch für die Partnerschaft.

DIE PARTNERIN GANZ NEU ENTDECKEN

Die meisten Männer sind heute bei der Geburt ihres Kindes dabei. Manchmal wird der werdende Vater kaum bemerkt, denn das ganze Team ist ja mit der Frau beschäftigt. Ist das Kind dann schließlich geboren, wird erwartet, dass der Mann das Geburtserlebnis schnell wegsteckt und wieder zur Tagesordnung übergeht. Dabei hatte er – anders als seine Frau – die Perspektive eines Geburtshelfers bei der Entbindung, war Zeuge von Schnitten, Verletzungen, medizinischen Eingriffen. Diese Erfahrung will verarbeitet werden.

SEX, EROTIK, MITEINANDER REDEN ...

Gerade vor dem Hintergrund der gemeinsam erlebten Geburt wird der Mann ein neues Verhältnis zum Körper seiner Frau finden müssen. Die erogene Zone von einst ist jetzt zunächst einmal ein verletzter Körperbereich. Männer reagieren auf das Geburtserlebnis recht

Durch Schwangerschaft und Geburt bekommen viele Männer ein anderes Verhältnis zum Körper ihrer Frau.

unterschiedlich. So geht möglicherweise der eine oder andere Mann erst einmal auf Distanz. Er hat immer noch die Geburtsbilder im Kopf. Vielleicht will er seiner Frau beim Sex nicht schon wieder Schmerzen zufügen. Darüber hinaus erleben viele Männer die vielleicht jetzt ungewohnt weiblichen Körperformen ihrer Frau zunächst als fremd. Männer sind nämlich von Körperlichkeit und elementaren Lebensvorgängen weiter entfernt als Frauen.

Andere Männer quälen solche Gedanken weniger. Sie möchten ihre Frau so schnell wie möglich als Liebespartnerin zurückgewinnen. Möglicherweise sind für einen Mann die durch Schwangerschaft und Geburt veränderten Körperformen der Frau gerade besonders reizvoll. So finden nicht wenige Männer die in der Stillzeit vergrößerte Brust der Frau erotisch besonders anziehend.

Im Folgenden finden Sie einige Tipps, wie Sie wieder mehr Sicherheit im Umgang miteinander finden.

DAMIT WIR UNS NICHT VERLIEREN: »SPICKZETTEL« FÜR IHN

- Sagen Sie Ihrer Frau ruhig öfter, was Sie an ihr begehrenswert finden. Was für den einen Mann ihr Aussehen ist, das sind für den anderen ihr Duft, ihr Gang, der Klang ihrer Stimme, ihr Humor, ihre klugen Gedanken. Manchmal tut es schon ein Satz, etwa: »Du duftest so gut!« Was würden Sie Ihrer Frau gern Nettes sagen? Notieren Sie es ruhig einfach mal auf einem Zettel!
- Kleine liebevolle Gesten zeigen mehr als alles andere, wie sehr Sie sich für Ihre Partnerin als Frau interessieren. Vielleicht schenken Sie ihr einen Gutschein für den ersten Friseurbesuch nach der Geburt? Und Sie übernehmen in der Zeit das Baby. Oder Sie überraschen Ihre Frau mit ihrem Lieblingsparfüm, das plötzlich im Badezimmer steht? Solche Gesten sprechen eine Frau positiv in ihrer Weiblichkeit an.
- Wenn nach der Geburt eines Kindes bei vielen Paaren die Sexualität stagniert, bereitet das Männern meist mehr Probleme als Frauen. Sie sollten als Mann aber nicht zu fordernd auftreten, sondern sich Ihrer Partnerin behutsam nähern. Auch der Rückzug in den Schmollwinkel bringt wenig. Wenn Sie in der Lage sind, das Thema Sexualität offen, aber auch einfühlsam anzusprechen – ohne Ihrer Frau Vorwürfe zu machen –, haben Sie schon viel

Nach der Geburt können Zärtlichkeit und Erotik zu einer neuen Kultur werden.

gewonnen (siehe auch ab Seite 130). Damit geben Sie auch dem Teufelskreis aus Annäherung, Abwehr, Enttäuschung und Rückzug erst gar keine Chance.

- Räumen Sie jetzt vor allem liebevollen Zärtlichkeiten und erotischen Situationen einen besonderen Platz in Ihrer Beziehung ein (siehe auch ab Seite 128). Zeigen Sie Ihrer Frau immer wieder: Kuscheln muss nicht immer gleich Sex bedeuten. Achten Sie auch darauf, was Ihre Frau jetzt als besonders angenehm empfinden könnte: Vielleicht genießt sie es, wenn Sie ihr den Rücken massieren, der vom häufigen Baby-Tragen völlig verspannt ist. Gerade Massagen im Schulter-Nacken-Bereich tun dann besonders gut (Tipps zur Partner-Massage ab Seite 145).

- Es sollte bekannt sein: Verhütung ist nicht nur Frauensache. Signalisieren Sie darum Ihrer Frau, dass Sie sich ebenso dafür interessieren. Sprechen Sie mit ihr über verschiedene Verhütungsmethoden (siehe dazu Kasten auf Seite 21).

- Was vielen Männern nicht bewusst ist: Kaum ist das Kind auf der Welt, wird auch das innere Kind im Manne wach. Bei einigen Männern wächst plötzlich der Wunsch, selbst versorgt und bemuttert zu werden. Aber Ihre Frau ist Ihre Partnerin, nicht Ihre Mutter. Nur zwischen erwachsenen Partnern kann die Erotik lebendig bleiben. Deshalb: Besser die Partnerin aktiv unterstützen und sich auf der Erwachsenen-Ebene verständigen.

- Mutter-Bilder werden von Männern nicht ausschließlich positiv erlebt. Einige Männer kommen mit der »Verwandlung« ihrer Frau zur Mutter nicht so recht klar. Das Bild der Mutter hat nämlich immer zwei Seiten: Die Mutter gilt einerseits als Quelle neuen Lebens, hat aber andererseits auch etwas Verschlingendes, ja vielleicht sogar etwas Vernichtendes. Diese doppelte Bedeutung sieht man zum Beispiel in vielen Darstellungen alter Mutter-Gottheiten. War bei der Mutter eines Mannes in seiner Kindheit das Verschlingende – oder Vereinnahmende – sehr stark ausgeprägt oder hat er sich von der eigenen Mutter noch gar nicht wirklich gelöst, dann kann dieser Konflikt die Paarbeziehung gerade in dieser Zeit sehr belasten. Wenn Sie das Problem allein nicht lösen können, dann sollten Sie therapeutische Hilfe in Anspruch nehmen (siehe auch ab Seite 57).

- Lesen Sie auch den »Spickzettel für Sie« ab Seite 19.

In dieser frühen Phase der Familie wird auch entschieden, wie es mit Ihrer Partnerschaft weitergeht.

EINE PARTNERSCHAFT
ENTWICKELT SICH

DAS LEBEN IST STÄNDIG IM FLUSS. DAS GILT AUCH FÜR PART-
NERSCHAFTEN. DIESE VERÄNDERN SICH – EBENSO WIE DIE BEI-
DEN PARTNER. DEN ZUSTAND, DER ZU BEGINN DER BEZIEHUNG
HERRSCHTE, FÜR IMMER ZU ERHALTEN IST DESHALB NICHT MÖG-
LICH – UND AUCH GAR NICHT SINNVOLL.

BEZIEHUNGEN: SCHÖN WIE BLÜHENDE GÄRTEN

Ihre Partnerschaft ist lebendig wie ein Garten: Alles sprießt, wächst
und gedeiht. Die Jahreszeiten sorgen für ständige Veränderung. Nur
eines gibt es nie: Stillstand. Gärten machen viel Arbeit – wenn Sie
nicht regelmäßig gießen, verdorrt alles. Wenn Sie nicht hin und wieder alles in Ordnung bringen, wächst es Ihnen über den Kopf.
Vielleicht wären mehr Paare zur »Beziehungspflege« bereit, wenn sie
mehr darüber wüssten und die wichtigen Signale sehen könnten, die
sagen: »Achtung, hier stimmt etwas nicht!« Stattdessen aber stolpern
sie in Teufelskreise, die sie an eine Stelle bringen, an die sie gar nicht
wollten. Und »plötzlich kommt die Liebe abhanden«, wie es Erich
Kästner in seinem Gedicht »Sachliche Romanze« bezeichnet. Aber
»plötzlich« kommt der Verlust der Liebe den Partnern nur vor, weil
sie schon lange aneinander vorbeigelebt haben.

DIE ENTWICKLUNGSPHASEN DER PAAR-BEZIEHUNG

Wenn Sie sich mit den Phasen der Partnerschaft näher befassen (siehe
Kasten rechts oben), werden Sie feststellen, dass jeder Abschnitt ein
besonderes Thema hat – und neue Aufgaben an das Paar stellt. Viele
Probleme, die zu einer bestimmten Zeit auftauchen, haben gar nichts
mit Ihnen oder Ihrem Partner zu tun, sondern sind entwicklungsbe-
dingt. Sehen Sie Ihre Partnerschaft wie ein Haus: Das Fundament ist
die Verliebtheit oder Liebe. Darauf wird dann weitergebaut – jede Le-
bensphase ist ein weiteres Stockwerk. Wenn Sie in Ihren Beziehungen
stets schon in der ersten Etage aufgeben, hinterlassen Sie immer wieder nur einen Rohbau. Nur mit Geduld und Durchhaltevermögen
kommen Sie in den Genuss, das komplette »Beziehungs-Haus« vor

»Wenn wir heiraten, über-
nehmen wir ein versiegeltes
Schreiben, dessen Inhalt
wir erst erfahren, wenn wir
auf hoher See sind.«
(Lilli Palmer, deutsche
Schauspielerin)

STUFE FÜR STUFE: DIE PARTNERSCHAFT

1. Phase: Kennen lernen und Verliebtheit
Beide Partner fühlen sich »eins« miteinander.

2. Phase: Alltagsbewältigung, Auseinandersetzung
Die Partner raufen sich zusammen, gewöhnen sich im Alltag aneinander. Sie müssen damit zurechtkommen, dass sie unterschiedlich sind, und verschiedene Konflikte lösen.

3. Phase: Sich selbst wieder finden
Was will jeder der Partner für sich? Welche Bedürfnisse sind zu kurz gekommen? Was will jeder im Leben noch erreichen?

4. Phase: In der Beziehung eigenständig sein
Beide sind ein Paar – aber jeder hat sein eigenes Leben. Neue Grenzen werden gesteckt: Nähe und Distanz, beides braucht die Liebe.

sich zu sehen. Aber auch das ist nie wirklich fertig. Sie werden es immer wieder renovieren, umbauen, neue Teile anbauen …

IN WELCHEN PHASEN GIBT ES »KONFLIKTFALLEN«?

Das richtige Leben beginnt dort, wo die Träume enden.

Der Übergang von der 1. zur 2. Phase ist oft ein besonderer Drahtseilakt: Der gemeinsame Alltag bringt Konflikte mit sich. Der Partner wird nicht mehr so verklärt gesehen, sondern immer mehr so, wie er wirklich ist: Er entpuppt sich als Morgenmuffel, räumt nach dem Essen den Tisch nie ab, schläft abends vor dem Fernseher ein. Sie ist bei Kritik gleich beleidigt, braucht früh im Bad Stunden, ruft jeden Abend ihre Mutter an. Wenn Partner sich aber so ungeschminkt erleben, ist das viel ehrlicher als die Selbstdarstellung frisch Verliebter. Kommt dann das erste Kind, ist ein Paar wieder besonders anfällig für Konflikte und Krisen. Und auch wenn sich ein Partner – meist die Frau – nach der Babypause oder nach Jahren der Kindererziehung wieder mehr mit sich beschäftigt, in den Beruf zurückkehrt, ein neues Hobby findet, vielleicht auch mit der Freundin allein verreisen möchte, dann ist die Phase der Selbstfindung (Phase 3) angesagt! Wenn beide es schaffen, trotz der Nähe zum anderen in der Beziehung eigenständig zu sein – wobei diese Eigenständigkeit nicht als »Ego-Trip« zu verstehen ist –, befinden sie sich schon auf der oberen Etage des gemeinsamen »Beziehungs-Hauses«, in Phase 4. Natürlich ist diese

FALLSTRICKE IN PARTNERSCHAFTEN

- ➤ Unrealistische Erwartungen: Man wird auf Wolken der Liebe schweben. Und wenn erst Kinder da sind, ist das Glück perfekt.
- ➤ Die Hoffnung, der Partner könne alle Probleme lösen: einem alle Ängste nehmen, Selbstvertrauen und Stärke schenken.
- ➤ Falsche Vorstellungen von den Eigenschaften des anderen: »Ich habe geglaubt, dass du wenigstens ein Auto reparieren kannst ...«
- ➤ Vor und während der Beziehung werden keine Absprachen miteinander getroffen (siehe ab Seite 46).
- ➤ Wünsche und Bedürfnisse werden nicht klar genug ausgedrückt: »Du müsstest ohne Worte merken, was in mir vorgeht!«
- ➤ Dem Partner werden Probleme angelastet, die mit der eigenen Person, Erziehung und Vergangenheit zu tun haben: »Du bist genau wie mein Vater!«
- ➤ Der Partner wird für Probleme verantwortlich gemacht, die im gesellschaftlichen Umfeld begründet sind: »Du bist schuld, dass ich nach der Babypause keinen Job finde.«

Abfolge von Phasen theoretisch dargestellt. In der Praxis überlappen sie sich, es gibt Zwischenphasen und fließende Übergänge. Allerdings kann diese Einteilung helfen, Ihren Standort besser zu bestimmen.

VOM SIEBTEN HIMMEL AUF DEN BODEN

Das Leben als Familie ist immer irgendwie unvollkommen.

Wenn Paare Kinder haben, dann sagen sie sich oft: »Wir können uns gar nicht mehr vorstellen, wie es einmal ohne die Kinder war.« Und doch haben viele die unbestimmte Sehnsucht nach dem ungeteilten Glück. Wie war die Zeit Ihrer Verliebtheit? Welche Vorstellungen hatten Sie von Ihrer Partnerschaft, von der gemeinsamen Zukunft? Sehen Sie ab und an zurück: Schon zu Beginn einer Beziehung werden die Weichen für das spätere Zusammenleben gestellt – und manchmal Fehler gemacht, an denen Sie noch lange zu knabbern haben.

ABSCHIED VON DER VERKLÄRTEN TRAUMWELT

Soziologen sprechen heute von der modernen »Sucht nach Liebe« bei fehlendem Realitätssinn. Und Werbung, Film und Literatur geben den Illusionen Nahrung: »Pretty woman« findet den Traummann, der sie ins große Glück entführt. Doch das wahre Leben beginnt dort, wo Träume enden. Wer stellt sich schon »Pretty woman« mit zwei schreienden Kleinkindern vor? Wer denkt daran, dass der tolle Manager bei seinem Vierzehn-Stunden-Tag kaum zu Hause ist? Eine Landung in der Realität ist auch in der romantischsten Beziehung unvermeidlich. Ungleiche Paare mögen auf der Leinwand interessant sein: In der Realität haben Paare die besten Chancen, die gewisse Gemeinsamkeiten haben – bezüglich der sozialen Herkunft, des Bildungsstandes, der Werte – und die es schaffen, ihr Leben als Paar realistisch zu planen.

Die Zeit der Verliebtheit ist eine Quelle für spätere Durststrecken.

DIE VERFLIXTEN ERWARTUNGEN

Zu keiner anderen Zeit hatten Menschen so hohe Erwartungen an Liebe und Partnerschaft. Und selten waren sie so frustriert, wenn sich Wünsche nicht erfüllten. Viele Männer und Frauen erwarten heute, dass der Partner all ihre Wünsche und Bedürfnisse befriedigt – und das möglichst ein Leben lang mit immer gleicher Intensität. Der Traumpartner soll lieben, anerkennen, Verständnis haben, aufmerksam sein, Sicherheit und Geborgenheit geben, aber nicht einengen … Manche dieser Vorstellungen sind sogar völlig gegensätzlich: Partner sollen miteinander verschmelzen, aber andererseits auch genügend Freiräume zur Selbstverwirklichung haben. Da will man Gleichberechtigung zwischen den Geschlechtern – aber der Reiz des kleinen Unterschieds darf auch nicht fehlen. Da suchen viele die moderne, lockere Beziehung – gleichzeitig aber Sicherheit und Treue.

ENTTÄUSCHUNGEN UND WAS DAHINTER STECKT

Leider werden so auch Enttäuschungen oft dem anderen angelastet. Am Anfang steht der Wunsch: Mach mich glücklich. Dann kommt die Klage: Du hast mich getäuscht. Und schließlich das Resümee: Ich bin enttäuscht. Dann kommt oft das Aus für die Beziehung. Doch Glück kann jeder nur in sich selbst finden. Der Partner ist kein Selbstbedienungsladen für Glücksgefühle. Dass die Partnerin oder der Partner nicht fähig ist, unsere Probleme für uns zu lösen, ist eigentlich einleuchtend. Wer das erwartet, wird nach einer Trennung vermutlich wieder in eine weitere problematische Paarbeziehung laufen: Der Partner wird ausgewechselt, aber das persönliche Problem bleibt ungelöst und belastet auch die neue Beziehung.

Natürlich gibt es durchaus Paare, bei denen die Voraussetzungen für eine funktionierende Partnerschaft einfach nicht gegeben sind. Da hilft der gute Wille der Frau oder des Mannes allein nicht weiter. Oft lohnt sich aber zumindest der Versuch, zunächst das eigene Verhalten zu ändern. Sagen Sie sich besser nicht: »Der andere tut nichts für die Zweisamkeit, also setze ich mich auch nicht dafür ein.« Machen Sie dem anderen Angebote: Organisieren Sie Gespräche oder Freizeit zu zweit. Die Klage, dass der Partner nicht so ist, wie Sie es sich wünschen, bringt allein nicht weiter. Und das Vorhaben, einen Partner nach den eigenen Vorstellungen »umformen« zu wollen, ist meist schwieriger, als den Mount Everest zu besteigen.

> »Die lästigen Kleinkriege im Alltag überleben wir am besten, indem wir uns nicht klein kriegen lassen.«
> (Ernst Ferstl, österreichischer Dichter)

DAS WECHSELSPIEL VON NÄHE UND DISTANZ

Nach der Geburt von Kindern kommen neue Aufgaben und veränderte Rollen auf die Partner zu (siehe ab Seite 37). Und es verändert
sich vor allem auch das Verhältnis von Nähe und Distanz zwischen
Frau und Mann. Während sich die Partner am Anfang der Beziehung
einander vielleicht sehr nahe fühlten, ja sogar als Einheit erlebten,
entsteht durch die Geburt der Kinder zeitweise ein regelrechter
»Gefühlsgraben«.

So erwartet die Frau ihren Mann abends vielleicht schon sehnsüch-
tig. Den ganzen Tag über hat sie nur »Kindersprache« gesprochen.
Jetzt wünscht sie sich den Partner zum Reden: Sie braucht also Nähe.
Ihr Partner dagegen hat den ganzen Tag über Kontakte gehabt. Vielleicht musste er Verhandlungen führen, an Besprechungen teilneh-
men, sich mit Kollegen beraten, Entscheidungen treffen … und geht
– zu Hause angekommen – möglicherweise erst einmal auf Distanz,
um abzuschalten.

Die Partnerin empfindet das vielleicht als Desinteresse. Vermutlich
fühlt sie sich mit ihren Bedürfnissen allein gelassen. Aber während sie

Wenn Kinder geboren werden, verändert sich das Verhältnis von Nähe und Distanz zwischen Frau und Mann grundlegend.

VON ANFANG AN EIN TEAM

➤ Wenn Ihr Partner Ihnen manchmal fremd und distanziert erscheint,
so lasten Sie dies nicht gleich der Beziehung an. Vieles hängt mit
der neuen Situation zusammen, in die Sie erst gemeinsam hinein-
wachsen müssen.

➤ Drücken Sie Ihre Bedürfnisse mit Worten aus. Worte schaffen Nähe,
wo stumme Gesten – etwa Zeitung lesen oder schweigen – missverständlich und rätselhaft wirken.

➤ Lösen Sie sich von der Illusion, dass Ihr Leben mit Kindern so weitergeht wie bisher. Betrachten Sie die Phase der Kindererziehung
als eine neue Entwicklungsstufe in Ihrer Beziehung. Und: Neue Aufgaben bieten auch neue Chancen.

➤ Neben manchen Schwierigkeiten und Herausforderungen haben
Sie auch Vorteile: Sie haben das Glück, Kinder heranwachsen zu
sehen. Sie erleben das, wovon viele Menschen träumen und was
sie anstreben: Nähe und Geborgenheit in einer Familie.

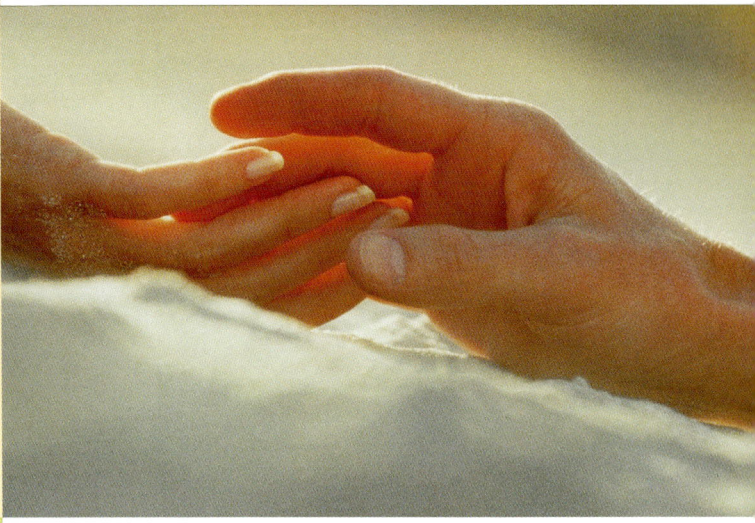

Die Kunst in jeder Partner-schaft ist es, einander im Wechselspiel von Nähe und Distanz nicht zu verlieren.

die Kinder zu Bett bringt, wendet sich oft schon das Blatt: Jetzt wartet vielleicht schon der Mann auf sie und möchte mit ihr ein berufliches Problem besprechen, wünscht sich die Nähe und das Interesse seiner Frau – die vermutlich mittlerweile andere Bedürfnisse hat. Nachdem sie den Kindern die Gute-Nacht-Geschichte vorgelesen und die Küche aufgeräumt hat, steht ihr wohl nicht mehr der Sinn nach Gesprächen. Mit dem Hinweis: »Ich gehe jetzt ins Bett«, signalisiert sie nun möglicherweise ihr Bedürfnis nach Distanz. Was wiederum nun den Mann enttäuscht: Er hatte sich den Abend doch ganz anders vorgestellt …

GEMEINSAM EINE BALANCE FINDEN

Immer wieder begegnet Ihnen im Familienalltag der Wechsel von Nähe und Distanz. Der eine braucht gerade die Nähe, die der andere jetzt nicht möchte – und umgekehrt. Dieses manchmal komplizierte Wechselspiel entsteht unter anderem durch die in dieser Phase oft sehr verschiedenen Lebens- und Erlebniswelten von Frau und Mann, die ja durch Kinder oft sehr viel stärker als vorher voneinander abgegrenzt werden.

Dabei ist Distanz weder vermeidbar noch unbedingt negativ. Immer wieder einmal ein bisschen Abstand voneinander kann sogar sehr erfrischend für die Beziehung sein. Zum Problem wird das nur, wenn sich die Bedürfnisse auf Dauer zu wenig treffen, wenn Distanz immer wieder als Zurückweisung oder Desinteresse verstanden wird oder wenn es immer weniger Gemeinsamkeiten gibt.

WER SPIELT
WELCHE ROLLE?

DIE ENTSCHEIDUNGSFREIHEIT, DIE WIR HEUTE BEI DER GESTAL-
TUNG DES LEBENS UND DER PARTNERSCHAFT HABEN, STEHT
MANCHMAL NOCH AUF UNSICHEREN BEINEN. ALTE MODELLE
HABEN AUSGEDIENT – NEUE MÜSSEN AUSPROBIERT WERDEN.

TYPISCH MANN – TYPISCH FRAU?

Was erwarten wir von Frauen und Männern, Müttern und Vätern?
Das ließe sich relativ leicht beantworten, wenn es heute noch feste
Vorstellungen von dem gäbe, was weiblich und männlich ist – und
wie die Geschlechter ihre Rollen auszufüllen haben. Doch diese klaren Bilder gibt es nicht mehr. Da gibt es Frauen, die neben Kindern
und Haushalt voll berufstätig sind. Andere versuchen den Spagat zwischen Teilzeitstelle und Familie zu bewältigen. Wieder andere konzentrieren sich auf Haushalt und Kindererziehung. Auch Männer
leben ihre Rolle ganz unterschiedlich. Zwar haben die meisten einen
Vollzeitjob und sind zeitweise der Haupternährer der Familie. Doch
es gibt auch einige wenige Männer, die zeitweise aus dem Beruf aus-
steigen, um sich der Kindererziehung zu widmen.

Da keine klaren Normen mehr vorschreiben, wie Frau und Mann »zu
sein haben«, besteht für beide Geschlechter – wenigstens theoretisch
– die persönliche Freiheit, ihr Leben selbst zu gestalten. Diese Freiheit eröffnet zunächst ungeahnte Möglichkeiten, hat aber auch ihre
Schattenseiten. Freiheit bedeutet nämlich auch: sich immer wieder
neu entscheiden zu müssen, Fehler zu machen, Unsicherheiten aus-
zuhalten. Jeder ist persönlich gefordert, das Bestmögliche aus seinem
Leben zu machen, und jeder ist verantwortlich, wenn es nicht so läuft
wie geplant. Und mit Familie wird das Ganze noch komplizierter.

*Kinder kommen nicht ein-
fach hinzu. Sie verändern
das ganze Netzwerk der
Familienbeziehungen.*

EINE NEUE ART DER PARTNERSCHAFT

Vor der Geburt von Kindern war vieles einfacher: Vermutlich gingen
beide Partner ganztags ihrem Beruf nach. Der Haushalt wurde irgendwie von beiden organisiert – und wenn nötig, wurde improvisiert: War der Kühlschrank leer, ging man eben gemeinsam essen.
Wurde es am Wochenende später, schlief man gemeinsam aus und

ERLERNT, ERLEBT – WIE BILDER ENTSTEHEN

Folgende Faktoren bestimmen das Rollenverständnis und die Aufgabenverteilung in der Familie mit:

➤ **Die Erziehung, die Sie selbst einst erfahren haben.**
In welchem Umfang hat zum Beispiel Ihr eigener Vater bei der Hausarbeit und Kindererziehung geholfen? Welches Frauen- und Männerbild haben Ihnen Ihre Eltern vorgelebt und vermittelt?

➤ **Gesellschaftliche Traditionen und Rollenbilder.**
Vorurteile wie: Krankenpflege ist Frauensache, das Auto zu reparieren Männersache, Frauen können nicht einparken, Männer nicht bügeln ... sitzen noch immer in den Köpfen.

➤ **Ihre eigenen Vorlieben und Fähigkeiten.**
Wenn Sie besser rechnen können als Ihr Partner, werden Sie die Familienfinanzen verwalten. Haben Sie die besseren gestalterischen Fähigkeiten, so richten Sie vermutlich die Wohnung ein.

➤ **Zeitmangel, Stress-Situationen, Alltagsroutine.**
All das führt dazu, dass man in traditionelle Rollenbilder zurückfällt oder so reagiert, wie man selbst erzogen wurde. Da bügeln Sie als berufstätige Mutter vielleicht Ihrem Mann die Hemden, obwohl Sie selbst einen Acht-Stunden-Tag hinter sich haben.

Absprachen und Verträge sind wie Navigationskarten auf der gemeinsamen Lebensreise.

machte gegen Mittag ein romantisches Langschläferfrühstück ... Als Familie bekommt das Leben einen neuen Rhythmus. Die unterschiedlichen Rollen und Lebenswelten von Frau und Mann ändern sich. Das ganze Leben unterliegt einer strengeren Planung. War das Leben vorher viel mehr »aus einem Guss«, so zerfällt es jetzt in viele einzelne Aufgabenbereiche, wie etwa Geld verdienen, einkaufen, kochen, reinigen, planen, für die Kinder da sein, sie betreuen, beschäftigen ... Gerade in der Verteilung der alltäglichen Pflichten liegt aber viel Zündstoff für die Beziehung.

ARBEITSTEILUNG – ARBEITSKAMPF?

Der Alltag als Familie stellt immer neue Aufgaben: Der Mülleimer ist voll. Wer trägt ihn runter? Das Kind muss zum Arzt. Wer macht den Termin aus? Viele Aufgaben erledigt man zunächst automatisch, ohne viel darüber nachzudenken. Gerade wenn die Kinder klein sind, muss manches im Handumdrehen erledigt werden, da bleibt kein Raum zur Besinnung. Aber nach einer Weile stellt sich manchmal innerer Groll ein – und die Verteilung der Aufgaben führt zu Streit. An alltäglichen Aufgaben wie Küche aufräumen oder Kinder zu Bett bringen können sich handfeste Konflikte entzünden. Da es keine so klaren Vorstellungen mehr gibt, was denn nun Frauen- und was Männersache ist, wird vieles im Alltag zur Verhandlungssache. Da tobt der Geschlechterkampf manchmal im trauten Heim, und nicht selten werden schwere Geschütze aufgefahren. Da geht es dann nicht mehr um die gut oder schlecht aufgeräumte Küche, sondern gleich um: »Du liebst mich nicht«, »Du verstehst mich nicht«, bekommt der andere dann zu hören, als ginge es um alles oder nichts.

HABEN WIR UNSEREN WEG GEFUNDEN?

Theoretisch gibt es heute für ein Paar unzählige Möglichkeiten, das Zusammenleben zu organisieren. In der Praxis hängt die Gestaltung der Partnerschaft vor allem davon ab, welche Ansichten beide Partner haben (siehe auch Kasten links) – und welchen Bedingungen sich das Paar anpassen muss. Es gilt also herauszufinden, welches Modell Sie und Ihr Partner leben wollen und können. Grundsätzlich unterscheidet man heute die folgenden drei Partnerschaftsmodelle:

Typ A: Traditionell eingestellt

Der Mann verdient das Geld, die Frau versorgt Haushalt und Kinder. In seltenen Fällen ist es umgekehrt: Die Frau ist Hauptverdienerin und der Mann vor allem für Kinder und Haushalt zuständig.

Typ B: Veränderungsorientiert

Hier ist einer – meist der Mann – Haupternäher, der andere hat aber zusätzlich eine Halbtagsstelle oder steigt nach der Babypause wieder voll in den Beruf ein. Beide Partner orientieren sich sowohl am Typ A als auch am Typ C. Die Aufgabenteilung, etwa die gemeinsame Haushaltsführung, ist in der Praxis oft nicht so partnerschaftlich, wie es nötig wäre: Meist trägt die Frau den Löwenanteil.

Typ C: Am Gleichheitsmodell orientiert

Hier arbeiten beide Elternteile, die Kinder werden in dieser Zeit von anderen Personen betreut. Haushalt und Kindererziehung werden gemeinsam erledigt oder delegiert (Haushaltshilfe). Dieses Modell erfordert partnerschaftlichen Umgang und stellt hohe Anforderungen an Familien- und Zeitmanagement.

»Hausarbeit ist Menschenarbeit, nicht Frauenarbeit.«
(Alice Schwarzer, deutsche Feministin und Journalistin)

WELCHES MODELL LEBEN SIE?

Ihre Partnerschaft kann gelingen und gut funktionieren – egal mit welcher Rollenverteilung. Wichtig für die Beurteilung Ihrer Situation sind die folgenden Überlegungen:

- Haben Sie vor der Ehe Absprachen über die zukünftige Aufgabenteilung getroffen (siehe ab Seite 46)? Wenn ja, welche?
- Wer von Ihnen beiden ist überwiegend berufstätig? Derjenige kann natürlich nicht gleichzeitig die Kinder betreuen.
- Welchem der drei Rollenmodelle folgen Sie? Da traditionelle Rollenmodelle im Umbruch sind, fühlen sich viele Paare verunsichert.

STELLEN SIE SICH JETZT DIE TEST-FRAGE

Wie auch immer Sie Ihre Partnerschaft organisieren: Beide sollten gut mit der gemeinsamen Lösung leben können. Um zu sehen, ob das bei Ihnen der Fall ist, beantworten Sie beide folgende Fragen für sich:

- Fühle ich mich in meiner Rolle wohl? Mal wohl, mal nicht? Unwohl? Dabei beantworten Sie diese Frage jeweils zweimal: Wie fühlen Sie sich in Ihrer Rolle als Frau – und wie als Mutter? Beziehungsweise: Gefällt Ihnen Ihre Rolle als Mann? Und wie fühlen Sie sich als Vater?
- Bin ich mit der Aufgabenverteilung in der Familie im Großen und Ganzen zufrieden? Mal zufrieden, mal nicht? Eher unzufrieden?
- Sind Sie eher unzufrieden? Vielleicht hilft Ihnen folgende Übung.

ÜBUNG: KNACKPUNKT ROLLENVERTEILUNG

Überlegen Sie, welche Aufgaben im Laufe eines »normalen« Tages anfallen: Arbeit rund um Haushalt, Beruf, Kinder ... Ordnen Sie die einzelnen Tätigkeiten bestimmten Aufgabenbereichen zu, etwa so:

- **Kinder:** Kinder pflegen, betreuen, erziehen, mit ihnen spielen ...
- **Haushalt:** Einkaufen, kochen, waschen, bügeln, putzen, Auto pflegen, Garten bestellen, Sachen im Haus reparieren ...
- **Beruf:** Fahrt zur Arbeit, Tätigkeit am Arbeitsplatz, Rückfahrt, freiberufliche Tätigkeit, Heimarbeit ...
- **Planung und Organisation:** Behördengänge, Konto, Geld, Termine verwalten, Babysitter oder andere Helfer organisieren ...
- **Freizeit:** Entspannung, Hobbys pflegen, Freunde treffen ...
- **Liebe und Partnerschaft:** Gespräche, Rituale, Zärtlichkeit ...
- **Sonstiges:** Alles, was in Ihrem gemeinsamen Alltag noch wichtig ist, aber keinem anderen Aufgabenbereich zugeordnet werden kann.

Da es keine klaren Rollen von Frau und Mann mehr gibt, wird vieles zwischen den Geschlechtern zur Verhandlungssache.

SO WIRD'S GEMACHT

Sie können ganz unterschiedlich an den Test herangehen.

1. Sie machen den Test für sich allein.
2. Erst macht ein Partner den Test, dann der andere.
3. Sie machen den Test als Paar gemeinsam.

■ Stellen Sie sich einen ganz normalen, durchschnittlichen Tag vor: Berücsichtigen Sie die Zeit vom Aufstehen bis zum Zu-Bett-Gehen.

■ Entscheiden Sie jetzt, wie viel Zeit jeder von Ihnen täglich für die einzelnen Aufgabenbereiche aufbringt (also: Beruf – Frau 4 Stunden, Mann 8 Stunden, Kinder – Frau 4 Stunden, Mann 1 Stunde und so weiter). Vielleicht können Sie nicht auf Anhieb die Stundenzahl einschätzen. Dann müssen Sie genauer nachrechnen. Notieren Sie die Ergebnisse auf einem Blatt, ähnlich wie im Kasten unten dargestellt.

AUSWERTUNG

Zeigt die erstellte Übersicht auf den ersten Blick schon Besonderheiten oder Widersprüche? Auffällig wären zum Beispiel folgende Anga-

»Liebe besteht nicht darin, dass man einander anschaut, sondern dass man gemeinsam in dieselbe Richtung blickt.«
(Antoine de Saint-Exupéry)

DER TEST: EIN TAG WIE JEDER ANDERE

Wie viel Zeit bringen Sie täglich für Aufgaben in den folgenden Lebensbereichen auf?

Aufgaben	aufgewandte Zeit in Stunden:	
	Frau	**Mann**
Kinder		
Haushalt		
Beruf		
Planung/Organisation		
Freizeit		
Liebe/Partnerschaft		
Sonstiges		

Ab und an ein Ausbruch aus traditionellen Rollenbildern – das kann für beide Partner ein Gewinn sein.

ben: Die Frau kümmert sich jeden Tag 12 Stunden um die Kinder, er dagegen 0 Stunden. Er engagiert sich 1 Stunde täglich für Liebe und Partnerschaft, sie hingegen 0 Stunden. Oder: Sie arbeitet 8 Stunden im Job, er arbeitet ebenfalls 8 Stunden. Trotzdem verbringt sie noch 2 Stunden täglich mit Arbeiten im Haushalt, er dagegen 0 Stunden. Noch ein Tipp: Machen Sie den gleichen Test am besten noch einmal fürs Wochenende. Bei den meisten Paaren wird der Beruf als Aufgabenbereich jetzt wegfallen. Aber wie sieht es mit den anderen Tätigkeiten aus? Wer kümmert sich zum Beispiel an diesen Tagen wie intensiv um Kinder und Haushalt? Gibt es am Wochenende einen Ausgleich für die Woche? Vielleicht kümmert er sich jetzt mehr um die Kinder, da er dazu während der Woche nicht ausreichend kommt – und sie ordnet in der Zeit seine Akten?

NACH DEM TEST: GEDANKEN UND GEFÜHLE

Betrachten Sie nun die Aufgabenverteilung im Test genauer: Gibt es bestimmte Aufgaben, die eindeutig der Frau oder dem Mann zugeordnet werden können? Das sind die Bereiche, in denen der Stundenaufwand eines Partners im Vergleich zum anderen auffällig hoch ist. Notieren Sie sich dafür am besten auf einem Zettel: »Meine Aufgaben als Frau« beziehungsweise »Meine Aufgaben als Mann«.
Haben Sie das Gefühl, dass die Aufgaben zwischen Ihnen halbwegs fair verteilt sind? Oder steht Ihrer Meinung nach die Waage ziemlich schief? Bitte beachten Sie jedoch: Es handelt sich hier nicht um ein

einfaches »Rechenexempel«. Manchmal sind die Aufgaben ungleich verteilt, und doch fühlen sich die Partner wohl dabei. Und darauf kommt es an. Liebe ist nun mal kein Tauschgeschäft nach dem Motto: Das tue ich für dich, was tust du für mich?

Viel wichtiger als die Anzahl der Stunden sind die Gedanken und Gefühle, die bei diesem Test in Ihnen aufsteigen. Fragen Sie sich deshalb: Hatte ich Bilder oder Erinnerungen vor Augen? Welche Bilder waren das? Welche Gefühle wurden dadurch in mir ausgelöst? Wie zufrieden bin ich jetzt (nach dem Test) mit der Aufgabenteilung in unserer Partnerschaft?

Falls Sie damit unzufrieden sind, sollten Sie das Thema beim nächsten Paar-Gespräch (siehe ab Seite 95) auf den Tisch bringen. Doch vorher sollten Sie vielleicht erst einen Versuch machen, einmal in die Haut des anderen zu schlüpfen – etwa mit Hilfe der folgenden Übung.

ÜBUNG: WENN ICH DENKE, ICH WÄRE DU …

Wenn Sie immer wieder über Ihre Aufgabenteilung in Streit geraten, kann es helfen, ab und an ganz bewusst den Standpunkt des Partners einzunehmen. Fragen Sie sich: Interessiere ich mich für den Beruf meines Partners? Höre ich aufmerksam zu, wenn er von beruflichen Belastungen und Problemen erzählt? Falls Sie derjenige sind, der vorwiegend außer Haus arbeitet: Interessiere ich mich gleichermaßen für das, was während dieser Zeit zu Hause passiert ist?

SO WIRD'S GEMACHT

Nehmen Sie sich ein paar Minuten Zeit. Lehnen Sie sich entspannt zurück und schließen Sie die Augen. Stellen Sie sich den typischen Tagesablauf Ihres Partners vor, vom Aufstehen bis zum Schlafengehen. Versuchen Sie, in Ihrer Vorstellung alle Einzelheiten wahrzunehmen. Welche Gefühle haben Sie anschließend?

Man kann nicht alles planen, aber ohne Planung kommt vieles so, wie man es auf keinen Fall wollte.

AUSWERTUNG

Manchmal werden wir von hartnäckigen Vorurteilen beherrscht, die ziemlich ungerecht sein können. Der eine hält den Alltag des anderen für viel unkomplizierter oder attraktiver als den eigenen, etwa: »Du hast es gut, du kannst zu Hause bleiben,« oder: »Du hast es gut, du verdienst eine Menge Geld.« Deshalb: Vorurteile über Bord werfen und genau hinschauen! So verstehen Sie Ihren Partner besser.

HEUTE WASCH ICH AB – EIN ROLLEN-WECHSEL

Gelungene Partnerschaft bedeutet Teamwork und flexible Rollenverteilung. Warum als Frau also warten, bis der Mann nach Hause kommt und den Videorecorder neu programmiert oder den Computer vor dem Absturz rettet? Warum sollten Sie als Mann nicht auch den Geschirrspüler ausräumen oder sich ans Bügelbrett wagen?

»Das habe ich noch nie gemacht, das kann ich nicht« ist zwar eine gängige Entschuldigung, stabilisiert aber starre Rollenverhältnisse. Vertrauen Sie auf Ihre Fähigkeit, Neues zu lernen.

WAS, WENN DER ANDERE NICHT »MITSPIELT«?

- Machen Sie einen Plan über täglich und wöchentlich anfallende Aufgaben. Verteilen Sie die Aufgaben nach Zeit, Fähigkeiten und Vorlieben. Dieser Plan kann natürlich auch mal geändert werden.
- Schaltet Ihr Partner bei Gesprächen über die Arbeitsteilung immer auf stur? Lassen Sie Arbeiten, die Sie bisher selbstverständlich erledigt haben, einfach mal liegen. Der Anblick von Geschirr- und Wäschebergen löst vielleicht beim Partner das berühmte Aha-Erlebnis aus. Und dann sollten Sie noch einmal miteinander reden.
- Vermeiden Sie Vorwürfe und Nörgeleien: Besser sind konstruktive Vorschläge. Statt des Vorwurfs: »Nie gehst du zum Elternabend!« können Sie sachlich die Vorteile eines Elternabends herausstellen: »Dann weißt du auch, was in der Schule los ist, und kannst mitreden. Und wir können alles gemeinsam entscheiden.«
- Äußern Sie sich anerkennend, wenn Ihr Partner etwas Neues ausprobiert. Zeigen Sie, dass Sie sich darüber freuen.
- Rollentausch kann kreativ sein und Spaß machen. »Heute kocht Papa«, »Mit Mama auf den Fußballplatz«, »Mit Papa zum Kinderarzt« kann für die ganze Familie zum Event werden.
- Sich von traditionellen Rollen zu lösen und ein eigenes Rollenbild zu verwirklichen verlangt Selbstbewusstsein. Dabei gibt es immer wieder Misserfolge. Manchmal muss auch gestritten werden. Wie Sie konstruktiv streiten, erfahren Sie ab Seite xx.
- Überlegen Sie, was machbar und sinnvoll ist. Während ein Lehrer durchaus nachmittags mit dem Kind zum Kinderarzt gehen kann, wird ein Top-Manager wohl nicht zwischen zwei Vorstandssitzungen nach Hause eilen, um den Arzttermin wahrzunehmen. Das wird dann seine Frau oder ein Babysitter übernehmen müssen.

Hausarbeit ist das, was man tut, ohne dass es einer bemerkt. Bis man es nicht mehr tut.

ZUSAMMEN ANS ZIEL KOMMEN: GEMEINSAME REGELN FINDEN

»JETZT SIND WIR IM HAFEN DER EHE ANGEKOMMEN«, SAGT EINE ALTE REDEWENDUNG. DIESES BILD WIRKT GEMÜTLICH UND STRAHLT SICHERHEIT AUS. ES PASST JEDOCH SO GAR NICHT ZUR REALITÄT DES BEZIEHUNGSALLTAGS, DENN DA GEHT DIE FAHRT JETZT ERST RICHTIG LOS. BESONDERS WENN KINDER KOMMEN, MÜSSEN VIELE DINGE AUF DEN PUNKT GEBRACHT WERDEN.

KOMPROMISSE IM GROSSEN UND KLEINEN

»Essen wir nur Müsli und Getreidefrikadellen, oder darf es auch mal der Hamburger mit Pommes sein? Schmücken wir den Weihnachtsbaum mit Kugeln oder mit Strohsternen? …« In einer Partnerschaft treffen oft unterschiedliche Weltanschauungen, Wertesysteme und Geschmäcker aufeinander. Noch ernster wird es bei Grundsatzfragen: »Wie teilen wir uns die Arbeit? Wie die Finanzen? Wann wollen wir Kinder? Wie viele? Wie regeln wir die Kinderbetreuung?« All diese Fragen werden in Beziehungen immer noch zu wenig ver-

Auch wenn es Zeit und Nerven kostet: Suchen Sie gemeinsam immer wieder nach Lösungen, die beiden Partnern gerecht werden.

45

handelt. Viele Paare empfinden es als störend und unromantisch, sich vorab mit solchen Alltagsfragen zu beschäftigen – und lassen die Dinge einfach laufen. Doch diese Einstellung hat Tücken: Stellen Sie sich vor, das gemeinsame Lebensschiff schippert ohne festen Kurs ziellos auf hoher See herum. Im Boot sitzen Sie, Ihr Partner und die Kinder. Und Sie lehnen sich zurück und überlassen alles dem Zufall. Diese Seefahrt wäre sicher nicht lustig, der Schiffbruch irgendwann vorprogrammiert. So weit muss es nicht kommen.

DEM ÄRGER VORBEUGEN: JETZT WIRD VERHANDELT

Schließen Sie partnerschaftliche Verträge am besten in konfliktarmen Zeiten. Auch wenn Sie schon länger zusammenleben, können Sie das jederzeit nachholen. Gerade als Familie brauchen Sie feste Rahmenbedingungen. Vielleicht nennen Sie Ihre Vereinbarung »Liebesvertrag«, wie es die Psychologen Klausbernd Vollmar und Carl Cannon vorschlagen.

Falls Ihnen der mündliche Vertrag nicht reicht, weil einer der Partner recht vergesslich ist, können Sie wichtige Punkte auch schriftlich festhalten. Legen Sie Ihre Notizen an einen besonderen Ort, vielleicht ins Familienbuch oder zu anderen wichtigen Papieren.

DAS KÖNNTE IN IHREM LIEBESVERTRAG STEHEN

Je nachdem wie Ihre Beziehung aussieht, werden sich verschiedene Fragen ergeben, bei deren Beantwortung Sie ohne Diskussionen übereinstimmen – und andere, bei denen ziemlich viel Klärungsbedarf besteht. In den grundlegenden Lebensbereichen sollten Vereinbarungen und Kompromisse getroffen werden, an die sich beide Partner halten können – und sollten.

Wichtig bei Gesprächen zu einem solchen »Liebesvertrag« ist, dass sich jeder Partner auch fragt: Habe ich das Gefühl, dass wir zumindest über die wichtigsten Bereiche unserer Partnerschaft gesprochen haben? Gibt es Bereiche, die wir bislang ausgespart haben? Schreiben Sie sich diese Punkte auf! So haben Sie einen hilfreichen »Spickzettel« für das nächste Paar-Gespräch (Tipps für solche Gespräche finden Sie ab Seite 95).

Idealerweise verhandeln Sie zu Beginn Ihrer Beziehung. Dann muss geklärt werden, ob und wie viele Kinder Sie sich wünschen. Spätestens wenn Kinder da sind, sollten Sie auch folgende Punkte klären:

Arbeiten Frau und Mann im Team, gelingt ihnen hin und wieder Rollentausch, so ist dies fruchtbar für die Partnerschaft.

Kinder

Welche Vorstellungen hat jeder der Partner von Erziehung?

Arbeitsteilung

Wer nimmt Erziehungsurlaub? Wie wird die Kinderbetreuung geregelt? Wie teilen sich Frau und Mann die Hausarbeit?

Finanzen

Wer verdient das Familieneinkommen? Frau? Mann? Beide? Wer verwaltet welches Konto? Wer bestreitet welche Ausgaben? Wie viel Geld bekommt der Elternteil, der zu Hause bleibt, vom anderen? Wie wird Vorsorge für die Zukunft getroffen (Absprachen über Geldanlagen, Versicherungen, Altersversorgung)?

Beruf

Wer hat welche beruflichen Ziele? In welchem Zeitraum sollten diese Ziele erreicht werden? Was könnten wir rechtzeitig für den beruflichen Wiedereinstieg nach der Kinderpause tun?

Freiräume

Braucht einer der Partner ein eigenes Zimmer für sich? Soll es ein gemeinsames Schlafzimmer geben? Soll es nur den gemeinsamen oder auch getrennten Urlaub geben? Welche Freizeitaktivitäten und Hobbys möchte jeder der beiden Partner pflegen?

Freunde

Wer behält welche Freunde aus der Single-Zeit? Was tun wir für einen gemeinsamen Freundeskreis?

Eifersucht

Wie halten wir es mit dem Thema Treue? Wo fängt Untreue an? Wie gehen wir mit einem möglichen Seitensprung um?

Konfliktlösung

Wie streiten wir? Können wir eine gemeinsame Strategie finden, bei der nicht zu viel Porzellan zerschlagen wird?

ZIELE FÜR DIE GEMEINSAME ZUKUNFT

Natürlich hat jeder für sich Ziele. Wichtig sind aber auch gemeinsame Perspektiven und Ziele: die Kinder aufziehen, zusammen ein Haus bauen, ein gemeinsames Geschäft gründen oder für ein paar Jahre ins Ausland gehen … Sicher lässt sich in einer Partnerschaft nicht alles planen: Vieles kommt anders, als man denkt. Aber ohne Nachdenken kommt vieles so, wie man es auf keinen Fall wollte. Und das zu vermeiden ist mehr als einen Versuch wert!

Haben Sie keine Angst, sich festzulegen: Natürlich ist es möglich, Absprachen auch wieder zu ändern, wenn sich Bedingungen in der Partnerschaft verändert haben.

KINDER SIND GÄSTE

DIE NACH DEM WEG FRAGEN

SCHLAFLOSE NÄCHTE, RUHE-
LOSE TAGE, KINDERCHAOS,
Alltagsstress: GERADE
IN DEN ERSTEN JAHREN ALS
Familie STEHT DAS
LEBEN KOPF – UND DIE KIN-
DER EINE ZEIT LANG SEHR
IM VORDERGRUND. SORGEN
SIE ABER DAFÜR, DASS IHRE
Partnerschaft ÜBER-
LEBT – DAS IST WICHTIG FÜR
SIE UND FÜR IHRE KINDER.

WIR HABEN KINDER –
WAR DA SONST NOCH WAS?

WENN SICH ELTERN ÜBER JAHRE HINWEG VORWIEGEND AUF DIE KINDER KONZENTRIEREN, BLEIBT OFT KEINE LUFT MEHR FÜR DIE PAARBEZIEHUNG. HIER ERFAHREN SIE, WIE SIE IHREN KINDERN ZUWENDUNG UND GEBORGENHEIT GEBEN KÖNNEN – OHNE IHRE BEDÜRFNISSE ALS PAAR ZU VERNACHLÄSSIGEN.

WENN FAMILIE ZUR BEZIEHUNGSFALLE WIRD

Können Sie sich vorstellen, wie Ihr Kind in zehn, fünfzehn oder zwanzig Jahren aussehen wird? Falls Sie noch kleine Kinder haben, achten Sie ruhig im Alltag immer wieder einmal auf Schulkinder oder Jugendliche: Auch Ihr Kind wird sich in einigen Jahren so oder ähnlich verhalten. »Die Zeit rast dahin«, sagen viele Eltern. »Es kommt uns vor, als wäre die Einschulung erst gestern gewesen. Und jetzt ist unser Kind schon in der Pubertät!« Mit Riesenschritten geht es weiter: Ausbildung, Berufswahl, erste Liebe. Irgendwann steht der Möbelwagen vor der Tür. Ihr Kind winkt Ihnen fröhlich zu, dann fährt es in seine eigene Zukunft. Im besten Fall begegnen Sie sich fortan wie gute Freunde und Partner, aber das Nest der Kindheit ist leer.

Kinder sind also Gäste, die Sie bei sich aufnehmen und in den ersten Lebensjahren begleiten. Sie sind aber nicht alles im Leben einer Mutter oder eines Vaters. Irgendwann werden Sie feststellen, dass Ihre Kinder lieber mit Freunden zusammen sind als mit Ihnen, den Eltern. Das zu erleben kann ganz schön wehtun. Immerhin haben viele Eltern jahrelang eigene Bedürfnisse zurückgestellt und sich auf das Wohlergehen ihres Nachwuchses konzentriert. »Wenn die Kinder erst älter sind, kommen wir wieder dran«, haben sie sich vielleicht gesagt. Doch wie erschreckend ist dann oft die Erkenntnis, dass das Eltern-Paar ohne Kinder gar nichts mehr mit sich anzufangen weiß.

Eltern legen heute viel Wert darauf, ihre Kinder in jeder Hinsicht zu fördern. Die Erwartungen sind riesig: Kinder sollen gut in der Schule sein, sportlich, musikalisch … Solche Leistungen sind für Eltern zu gesellschaftlichen Statussymbolen geworden, die sie in den Augen anderer als gute Eltern erscheinen lassen.

»Wenn Kinder klein sind, gib ihnen Wurzeln. Wenn sie größer werden, gib ihnen Flügel.«
(Sprichwort)

Viel Kraft und Energie wird deshalb aus dem eigenen Leben der Eltern abgezogen, um sie in die Kinder zu investieren. Aber durch Ballettunterricht wird nicht jedes Kind zur Ballerina, und Klavierstunden machen lange nicht aus jedem einen Pianisten. Hohe Erwartungen und Enttäuschungen liegen hier deshalb dicht beieinander. Eine – oft unbeabsichtigte – Folge hat das Streben der Eltern jedoch in den meisten Fällen: Vater und Mutter sind nahezu pausenlos im Einsatz.

Natürlich sollen Kinder gefördert werden. Und Freizeitkurse sind nicht nur anstrengend, sondern machen auch Spaß. Aber wie viel Aktivität ist sinnvoll? Wenn alle Familienmitglieder nur noch wie Hamster im Rad laufen, ohne dass Pausen zum Entspannen und Träumen möglich sind, erzeugt das Stress für alle.

FAMILIE SOLLTE RAUM FÜR ALLE LASSEN

Während Kinder in früheren Zeiten einfach »mitliefen« und keine besondere Aufmerksamkeit geschenkt bekamen, steht der Nachwuchs heute viel mehr im Zentrum des elterlichen Interesses. Die meisten Kinder sind heute deshalb auch selbstbewusster als früher. Schon zei-

Wenn große Kinder zu Hause ausziehen, beginnt nicht nur für sie ein neuer Lebensabschnitt, sondern auch für ihre Eltern.

tig werden sie dazu erzogen, eine eigene Meinung, einen eigenen Geschmack zu haben – und auch zu vertreten. Was wichtig und gut für die Persönlichkeitsentwicklung ist, hat manchmal auch Nachteile: Die Grenze vom selbstbewussten Kind zum kleinen Tyrannen ist fließend. Nicht selten richten sich Eltern vor allem nach den Wünschen ihrer Kinder. Oft fehlen klare Erziehungsgrundsätze, die mit einer gewissen Konsequenz von Mutter und Vater gemeinsam verfolgt werden.

Da viele Eltern ganztags berufstätig sind, haben sie meist gar nicht die Zeit, wirklich zu erziehen. So wird der Fernseher zum Ersatz-Babysitter, und Konsum ersetzt Zuwendung. Doch Erziehung ist immer anstrengend, nie bequem. Es ist einfacher, ein Kind zwei Stunden lang beliebig fernsehen zu lassen, als gemeinsam feste Fernseh-Regeln aufzustellen und deren Einhaltung durchzusetzen. Es ist auch einfacher, selbst das Kinderzimmer im Vorbeigehen aufzuräumen, als immer wieder über Unordnung zu diskutieren. Kinder brauchen gerade heute starke Eltern! Wachsen Sie deshalb als Paar zu einem starken Team zusammen, unterstützen Sie einander.

WENN KINDER »ERSATZ-PARTNER« SIND

Zwar spricht man heute viel von »partnerschaftlicher Erziehung«, aber ein gleichwertiger Partner kann nur der (Ehe-)Partner sein, nicht das Kind. Natürlich bekommen Eltern auch von ihren Kindern vieles zurück: Liebe, Anerkennung, das Gefühl, gebraucht zu werden. Aber all dies sollten Kinder freiwillig geben. Sie sollten es nicht geben, um einen Elternteil, der gerade unglücklich ist, zufrieden zu stellen. Kinder sind nicht auf der Welt, um wichtige Bedürfnisse ihrer Eltern oder eines Elternteils zu befriedigen.

Bei einem erwachsenen, gleichwertigen Partner kann man sich fallen lassen, sein Innerstes nach außen kehren, zumindest wenn die Beziehung intakt ist. Steckt die Paarbeziehung der Eltern vorübergehend oder dauerhaft in einer Krise, sollten Kinder möglichst wenig hineingezogen werden. Das ist leichter gesagt als getan. Der Alltag sieht meist anders aus (siehe Beispiele im Kasten rechts oben). Wenn Kinder Bedürfnisse eines Elternteils nach Liebe, Anerkennung und Geborgenheit befriedigen sollen, sind sie auf Dauer überfordert. Sie werden aufgewertet und auf einen Platz gestellt, der eigentlich dem Partner zusteht. Die Folgen sind Eifersucht des Partners, Rückzug, verhärtete Fronten. Manchmal klagt einer von beiden nur durch

Ihr Partner sollte in Ihrer Beziehung an erster Stelle stehen. Kinder sind kein Ersatz für Liebesglück.

WENN KINDER PROBLEME LÖSEN SOLLEN

➤ Peter ist Geschäftsführer einer großen Firma und viel unterwegs. Karin ist meist daheim. Wenn sie Probleme hat, bespricht sie diese mit ihrem neunjährigen Sohn.

➤ Bei Streitigkeiten mit Walter sucht Marion immer öfter Rückendeckung bei ihrer zwölfjährigen Tochter, die sie als Verbündete einsetzt. Walter fühlt sich außen vor.

➤ Die Ehe von Angela und David ist nach achtzehn Jahren eher freundschaftlich als leidenschaftlich. David schenkt der gemeinsamen Tochter (15 Jahre) mehr Aufmerksamkeit als seiner Frau.

die Blume: »Du verziehst die Kinder«, oder: »Das ist ja Affenliebe.« Auf diese Weise drückt der zurückgewiesene Partner aus, dass die Kinder übermäßig im Mittelpunkt stehen. Meist fragt er jedoch nicht weiter: »Und wo bleibe ich?«, sondern arrangiert sich mit der Situation oder zieht sich stumm zurück.

Es ist ganz normal, dass man sich innnerhalb einer Familie mal mit dem einen, mal mit dem anderen besser versteht. Problematisch ist aber ein »Dauerbündnis«. Das treibt einen Keil in die Paarbeziehung, die als eigenständiger Bereich nicht mehr wahrgenommen wird und sich nicht konstruktiv weiterentwickeln kann. Auch ein »Wettbewerb« um die Liebe der Kinder kann verhindern, dass die Eltern Zeit füreinander haben. Vielleicht hilft das folgende Bild, die Beziehung zwischen Mutter, Vater und Kind besser zu verstehen.

»Dicke Bündnisse« zwischen einem Elternteil und einem Kind gefährden schnell die Partnerschaft.

ICH, DU, WIR: RÄUME ÖFFNEN, ZUEINANDER FINDEN

Mutter-Vater-Kind bilden eine Art Dreiecksbeziehung. Wenn weitere Kinder geboren werden, verändert sich das Beziehungsgeflecht wieder. Doch gehen wir einmal von drei Personen aus. In diesem Beziehungsdreieck gibt es verschiedene Ebenen:

- Die Beziehung zwischen den Erwachsenen (als Eltern und als Liebespaar)
- Beziehung zwischen Mutter und Kind
- Beziehung zwischen Vater und Kind

In diesem Dreieck Mutter-Vater-Kind beeinflusst jede Beziehung die beiden anderen: Wenn die Mutter zum Beispiel dem Vater dauernd

Kinder wünschen sich die Liebe ihrer Eltern – aber ebenso, dass diese als Paar glücklich sind und zusammenbleiben. Geben Sie also Kindern und Partner einen Platz in Ihrem Herzen.

signalisiert: »Kinderbetreuung mache ich besser«, wird sich der Vater vielleicht zurückziehen. Die Vater-Kind-Beziehung wird so immer dünner – und die zwischen Mutter und Kind verstärkt sich wahrscheinlich weiter. Das hat wiederum Auswirkungen auf die Partnerschaft: Die enge Beziehung zwischen Mutter und Kind kann dazu führen, dass Frau und Mann einander nicht genügend in der Erziehung unterstützen. Auch die Liebesbeziehung kann erheblich darunter leiden. Wenn Eltern eine solche Entwicklung bemerken, sollten sie versuchen, die Verhältnisse wieder ins Lot zu bringen. In diesem Fall ginge das zum Beispiel, indem der Papa verstärkt Freizeit mit dem Kind genießt, so dass die Vater-Kind-Beziehung gewinnt.

Die Dreiecksbeziehung Mutter-Vater-Kind ist ein sensibles Beziehungsgeflecht. Oft ist es jedoch gar nicht so einfach, die eigene Familie richtig zu sehen. Wer steht bei uns an welchem Platz? Der folgende Test kann helfen, Ihre Situation besser einzuschätzen.

WER STEHT WO – EIN SPANNENDER TEST FÜR DIE GANZE FAMILIE

Für dieses Spiel benötigen Sie mehrere kleine Gegenstände. Geeignet sind zum Beispiel: Kronkorken, Knöpfe, Bausteine, Streichholzschachteln, Figuren von Brettspielen und Ähnliches. Falls Sie mit mehreren Personen spielen, sollten genügend verschiedene Gegenstände – und von jedem Gegenstand auch möglichst mehrere Exemplare – vorhanden sein. Außerdem brauchen Sie für jeden Mitspieler ein Stück Pappe oder ein Tuch als Spielfeld.

Sie können das Spiel allein oder mit Ihrem Partner spielen. Oder Sie lassen nur Ihre Kinder spielen und leiten das Spiel an, ohne jedoch hineinzureden. Oder die ganze Familie spielt mit. Wenn mehrere Personen mitspielen, heißt das, jeder bekommt ein »Spielfeld« und baut für sich in einer Ecke des Raumes.

SO WIRD'S GEMACHT

Jeder Spieler stellt mit seinen Figuren die Familie nach. Dazu sucht er sich für jedes Familienmitglied einen passenden Gegenstand aus – die freie Auswahl der Figuren, die die einzelnen Personen darstellen sollen, ist dabei wichtig: Vielleicht ist der Vater die Streichholzschachtel, die Mutter der Kronkorken. Ein Kind ist ein roter, das andere ein blauer Legostein. Als Unterlage benutzt jeder ein Stück Pappe oder ein Tuch.

DARAUF SOLLTEN SIE BEIM AUFSTELLEN ACHTEN

Bauen Sie ganz nach Ihrem spontanen Gefühl! Wichtig ist, dass Sie darauf achten, wer wo steht und zwischen welchen Figuren eine auffallende Nähe oder Distanz sichtbar wird. Auch außen stehende Personen, die Einfluss auf die Familiensituation haben, können eingebaut werden (zum Beispiel Oma und Opa).

Wenn Sie das Spiel als Familie spielen – also gleichzeitig jeder für sich die Familie nachstellt – , sollte keiner dem anderen während des Bauens hineinreden. Interessant ist vor allem die Sichtweise der Kinder. Sie halten den Erwachsenen mit ihrer ehrlichen Sicht der Dinge oft einen Spiegel vor.

Vielleicht vereinbaren Sie eine bestimmte Spieldauer (etwa 10 oder 15 Minuten) und ein Stopp-Signal (Eieruhr oder Ähnliches). Nach dem Signal darf nichts mehr verändert werden.

»Beim Spiel kann man einen Menschen besser kennen lernen als im Gespräch in einem Jahr.«
(Platon, griechischer Philosoph)

Welchen Platz nehmen Ihr

Partner und Ihre Kinder ein?

Und wo stehen Sie selbst?

AUSWERTUNG

Betrachten Sie nun das Familienbild beziehungsweise die verschiedenen Bilder der einzelnen Familienmitglieder. Wo stehen Sie selbst? Wo steht Ihr Partner? Welche Beziehungen zwischen bestimmten Figuren fallen Ihnen sonst noch auf? Sieht und empfindet Ihr Partner ein bestimmtes Bild jeweils ähnlich wie Sie – oder vielleicht ganz anders? Fühlen Sie sich beim Anblick der verschiedenen Bilder wohl? Vieles, das Sie vielleicht bislang nur ahnten, sehen Sie unter Umständen jetzt ganz deutlich vor Augen. Sie können erkennen, worauf Sie in Zukunft mehr achten sollten.

Manchmal entwickeln sich aus diesem Spiel konstruktive Gespräche. Wenn Sie erkennen, dass die Distanz zwischen Frau und Mann zu groß ist, wenn Sie sich zu wenig als Team sehen, sollten Sie Ihre Paarbeziehung mehr pflegen (Tipps dazu ab Seite 61 und ab Seite 87). Wenn Sie erkennen, dass dieses Spiel Sie oder Ihren Partner stark belastet oder Sie das Gefühl haben, die Situation selbst nicht klären zu können, kann unter Umständen professionelle Beratung durch Paar- oder Familientherapeuten sinnvoll sein (siehe nächste Seite).

DIE LIEBE RETTEN – WIE THERAPEUTEN HELFEN KÖNNEN

MANCHMAL GIBT ES PROBLEME, DIE SICH SCHEINBAR GAR NICHT LÖSEN LASSEN: IMMER WIEDER STREITET MAN UM EIN UND DAS-SELBE THEMA, OHNE EINER LÖSUNG NÄHER ZU KOMMEN. DANN SIND OFT GESPRÄCHE MIT AUSSENSTEHENDEN NÜTZLICH. AUF DEN FOLGENDEN SEITEN ERFAHREN SIE, WER IHNEN BEI HART-NÄCKIGEN PAAR- ODER FAMILIENKONFLIKTEN HELFEN KANN.

FAMILIENTHERAPIE – WAS BEDEUTET DAS?

Wenn nicht nur einer allein, sondern zwei oder mehrere Personen einer Familie gemeinsam eine Therapie machen, spricht man von einer Paar- oder Familientherapie. Ihr Ziel ist es, Probleme und Störungen bei einem oder mehreren Familienmitgliedern zu lindern,

Wenn Sie eine Paartherapie mit dem Gedanken angehen: »Geh du mal da hin und ändere dich!«, führt das sicher in eine Sackgasse.

WICHTIG: EIN KURZER CHECK ZUVOR

Bevor Sie eine Therapie beginnen, sollten Sie zunächst einmal die Situation in Ruhe betrachten. Stellen Sie sich folgende Fragen:

➤ Weshalb will ich oder wollen wir eine Therapie machen? Welche Erwartungen haben wir? Welche Befürchtungen?

➤ Um welches Problem geht es (etwa sexuelle Schwierigkeiten, Ängste, Depressionen, Paar- oder Erziehungsprobleme)?

➤ Wer ist hauptsächlich betroffen? Manchmal wird das Problem nur bei einem Familienmitglied sichtbar – bei der Frau, dem Mann oder auch einem Kind. Dieses Familienmitglied »trägt« dann das Symptom, das Problem betrifft oft die ganze Familie.

➤ Ist mein Partner – oder andere Familienmitglieder – bereit und in der Lage, die Therapie mitzutragen? Es sollten nur die Personen einbezogen werden, die wirklich mit dem Problem zu tun haben. Bei Partnerschaftsproblemen gilt: Nur wenn beide Partner bereit sind, an dem Problem zu arbeiten, hat die Therapie Sinn.

➤ Parallel zur Familientherapie kann auch eine Einzeltherapie eines Familienmitglieds durchgeführt werden.

indem die zwischenmenschlichen Beziehungen der Familienmitglieder zueinander verändert werden.

Dabei gibt es verschiedene Methoden, unter anderem die tiefenpsychologische, verhaltens- oder gesprächstherapeutische Paar- oder Familientherapie. Seit einigen Jahren setzt sich besonders die »systemische Therapie« immer mehr durch. Der Mensch wird hierbei als Teil im Netzwerk familiärer Beziehungen gesehen, das heißt, alle Familienmitglieder beeinflussen sich im Alltag gegenseitig.

WAS PASSIERT IN EINER SYSTEMISCHEN THERAPIE?

Die systemische Familientherapie versucht, die Beziehungen der Familienmitglieder untereinander zu verändern. Sie konzentriert sich auf die Gegenwart und ist auf Lösungen gerichtet. Eine systemische Therapie umfasst in der Regel etwa 5 bis 10 Sitzungen, die im Abstand von 3 bis 4 Wochen stattfinden. Eine Sitzung dauert in der Regel etwa 45 bis 60 Minuten.

Am Anfang der systemischen Familientherapie steht die Diagnose: Diese beginnt häufig schon beim Anruf des Klienten in der Praxis. Der Therapeut sammelt wichtige Informationen, etwa über persönliche Schwierigkeiten oder das familiäre Umfeld des Anrufers. In einem ersten Gespräch wird dann oft die Familien-Biographie erhoben. Das heißt, der Therapeut macht sich ein Bild über die individuelle Geschichte der Familie, manchmal über mehrere Generationen.

Beim eigentlichen ersten Treffen werden meist alle Familienmitglieder, die gekommen sind, zu dem bestehenden Problem befragt und angehört. So bekommt der Therapeut einen ersten Eindruck. Auch das Aufstellen von so genannten »Familienskulpturen« erleichtert dem Therapeuten die Einschätzung des Familiensystems. Solche Aufstellungen haben darüber hinaus bereits therapeutische Wirkung. So funktionieren sie: Alle Familienmitglieder stellen sich im Raum auf. Dabei versuchen sie, mit ihrem Standort auszudrücken, welche Beziehungen sie zueinander haben und wer wo steht. Es wird deutlich: Wer ist wem besonders nahe, wer steht zu wem in Distanz?

Der Therapeut ist den Familienmitgliedern behilflich, ihre Position deutlich zu machen, aber auch in die Haut der anderen zu schlüpfen, sich zu fragen: Wie empfinden sie? Dabei werden die verschiedenen Ansichten im Gespräch ausgetauscht. Der Therapeut aktiviert so die Selbstheilungskräfte, die in jeder Familie stecken. Die systemische

Ziel einer systemischen Therapie ist es, das gestörte Gleichgewicht eines Familiensystems wieder ins Lot zu bringen.

Therapie geht davon aus, dass eine Familie letztlich in der Lage ist, ihr Problem selbst zu lösen, wenn sie die richtigen Impulse von außen bekommt. Jedes Familienmitglied kann den Therapieverlauf mit beeinflussen. Der Therapeut vermittelt und verdeutlicht nur – er ergreift nie einseitig Partei. Oft arbeiten zwei oder mehr Therapeuten zusammen, wobei der eine die Therapie leitet, der andere eher beobachtet. Nach der Sitzung tauschen die Therapeuten ihre Eindrücke aus, teilen diese der Familie mit und registrieren, wie sie darauf reagiert. Meist wird das Problem von der Familie zu Hause weiter erörtert. Es können vom Therapeuten auch gezielt »Hausaufgaben« gestellt werden. Vielleicht »verschreibt« er ein Ritual oder eine so genannte paradoxe Verhaltensweise: Dann bekommt etwa eine überbehütende Mutter die Aufgabe, sich bewusst noch behütender zu verhalten, damit das Problem verstärkt, verdeutlicht und dann gelöst werden kann.

WELCHER THERAPEUT IST DER RICHTIGE?

Schauen Sie ins Branchenbuch. Suchen Sie im Inhaltsverzeichnis nach dem Begriff »Psychotherapie«. Achten Sie bei der Auswahl des Therapeuten darauf, dass möglichst schon als Schwerpunkt seiner Tätigkeit die Paar- beziehungsweise Familientherapie angegeben ist.
Auch Ihre Krankenkasse hat eine Liste zugelassener Psychotherapeuten. Meist wird in dieser Auflistung schon die therapeutische Ausrichtung des Arztes oder Psychologen genannt. Die zuständige kassenärztliche Vereinigung kann ebenfalls weiterhelfen – am besten fragen Sie einen Arzt nach der Adresse.

Fahrende Züge kann man anhalten. Nur das Haltesignal muss funktionieren.

ENTSCHEIDEND: IHR GUTES GEFÜHL

Achten Sie bei der Auswahl eines Therapeuten vor allem auf Ihr Gefühl. Meist zeigt schon das Gespräch am Telefon, ob »die Chemie stimmt« und beide auf der gleichen Wellenlänge liegen.
Vielleicht entscheiden Sie auch nach einem Erstgespräch oder nach weiteren Gesprächen, ob Sie bei dem Therapeuten bleiben wollen oder ob ein zweiter Anlauf bei einem Kollegen sinnvoll wäre.
Fragen Sie in jedem Fall nach der Ausbildung des Therapeuten, möglichen Zusatzqualifikationen und nach seiner Berufserfahrung.

Adressen von Beratungsstellen finden Sie im örtlichen Telefonbuch unter den Stichworten Ehe- oder Familienberatung. Meist müssen Sie unter der Bezeichnung des Trägers nachsehen (zum Beispiel unter Stadt oder Kirchen). Auch manche Lokalzeitungen veröffentlichen regelmäßig eine Rubrik mit Adressen von Beratungsstellen.

Der Psychotherapie-Informationsdienst des Berufsverbandes Deutscher Psychologen oder die Deutsche Gesellschaft für systemische Therapie und Familientherapie (DGSF) können ebenfalls weiterhelfen. Auch die Deutsche Arbeitsgemeinschaft für Jugend- und Eheberatung vermittelt Adressen (siehe Anhang, Seite 156). Außerdem bieten auch Kliniken für Kinder- und Jugendpsychiatrie familientherapeutische Behandlungen an.

UND WER TRÄGT DIE KOSTEN?

Die Kosten einer familientherapeutischen Behandlung sind zurzeit nur bei Kinder- und Jugendpsychiatern über die Kassen abrechenbar. Bei anderen Therapeuten müssen Sie die Sitzungen privat bezahlen. Paartherapien müssen Sie ebenfalls meist selbst bezahlen. Beratungsstellen arbeiten dagegen kostenlos.

Wenn Sie, Ihr Partner oder eines Ihrer Kinder unabhängig von der Familientherapie oder parallel dazu eine Einzeltherapie braucht, wenden Sie sich am besten an Ihre Krankenkasse. Diese übernimmt die Kosten für Psychoanalyse, tiefenpsychologische Therapie und Verhaltenstherapie. Manchmal werden auch andere Verfahren gezahlt, das ist von der Krankenkasse abhängig. Die Behandlung muss immer vorher beantragt und genehmigt werden (die Krankenkasse nennt Ihnen dafür zugelassene Therapeuten). Die Regelungen der privaten Kassen weichen oft von denen der gesetzlichen Kassen ab.

Vor der eigentlichen Behandlung zahlen die Krankenkassen fünf (bei Psychoanalyse acht) vorbereitende Probesitzungen bei einem zugelassenen Therapeuten Ihrer Wahl. Diese Sitzungen müssen Sie nicht vorab beantragen, denn sie sollen vor allem der Diagnose dienen. Innerhalb dieser Sitzungen können Sie für sich auch klären, ob Sie sich eine weitere Therapie bei dem betreffenden Therapeuten vorstellen können – das heißt, ob Sie mit ihm gemeinsam einen Antrag auf Behandlung stellen möchten – oder ob Sie Zweifel haben und lieber doch einen anderen Therapeuten aufsuchen möchten. Über die Genehmigung des Antrages entscheidet ein Gutachter.

Eventuell können Sie eine Einzeltherapie machen und den Partner nach Absprache zeitweilig hinzuziehen.

FAMILIE WIRD VORGELEBT – PARTNERSCHAFT AUCH

WIE KÖNNEN ELTERN ETWAS FÜR SICH TUN, OHNE DABEI IHRE KINDER ZU VERNACHLÄSSIGEN? WO IST DIE GRENZE ZWISCHEN ANGEMESSENER SELBSTVERWIRKLICHUNG UND EGOISMUS? UND WAS TUN, WENN SICH DAS SCHLECHTE GEWISSEN MELDET?

ZEIT, LIEBE, ZUWENDUNG ... WIE VIEL »ELTERN« BRAUCHT EIN KIND?

Selbstverwirklichung ist heute zum Modewort geworden. »Ich tue etwas für mich« ist ein durchaus berechtigter Anspruch, besonders in einer Gesellschaft, in der das Recht des Individuums auf Selbstentfaltung als hoher Wert angesehen wird. Aber wo sind die Grenzen zum Egoismus? Es gibt heute leider immer mehr Kinder und Jugendliche, die – obwohl zum Teil materiell bestens versorgt – emotional zu verwahrlosen drohen. Sie haben fast alles. Nur keine Eltern, die Zeit für sie haben. Dabei kann »Zeit haben« Verschiedenes bedeuten. Es kann meinen: »Ich bin den ganzen Tag für dich und deine Bedürfnisse zuständig.« Aber auch: »Ich bin zwar nicht immer anwesend, aber wenn, dann bin ich wirklich für dich da.« Es kommt also nicht unbedingt auf die Anzahl der Stunden an, die Sie mit Ihrem Kind verbringen, sondern auf die Qualität dieser Zeit.

KLEINE HÖHEPUNKTE IM ALLTAG SCHAFFEN

Selbst wenn ein Vater in der Woche jeden Tag bis zum frühen Abend im Büro arbeitet, kann das Gute-Nacht-Sagen eine sehr wertvolle gemeinsame Zeit sein, die Vater und Kind so richtig genießen. Und auch wenn eine Mutter eine Halbtagsstelle hat und ihr Kind vormittags bei der Tagesmutter ist, können die gemeinsamen Spielstunden am Nachmittag ein besonderer Höhepunkt im Tagesablauf sein.

Wichtig sind auch die täglichen kleinen Gespräche, mit denen sehr viel Nähe geschaffen werden kann. Erkundigen Sie sich, wie der Tag im Kindergarten, in der Schule für Ihr Kind war. Signalisieren Sie vor allem auch Interesse, wenn Sie bemerken, dass Ihr Kind bedrückt oder unruhig ist. Wichtig ist, dass es das Gefühl hat, dass Sie sich wirklich

Mehr als alles andere brauchen Kinder die Zuwendung ihrer Eltern – und jeden Tag ein wenig gemeinsame Zeit.

für seine kindliche Erlebniswelt interessieren. Wenn Ihre Kinder stundenweise von anderen Menschen betreut werden, dann sollten Sie klären, was die Kinder während Ihrer Abwesenheit erlebt haben: Wie schätzt die Betreuungsperson Ihr Kind ein? Versuchen Sie, so viel wie möglich zu erfahren.

An Wochenenden und im Urlaub ist meist mehr Zeit für gemeinsame Unternehmungen wie Ausflüge ins Schwimmbad, in den Zoo, für ein Picknick oder andere Unternehmungen. Das ist vor allem dann ein schöner Ausgleich, wenn in der Woche die Zeit häufig knapp ist.

ELTERNSCHAFT RUND UM DIE UHR: UND WANN SIND MAMA UND PAPA DRAN?

Eltern, die auch noch ihre eigenen Freizeitinteressen pflegen und ab und zu nur als Paar einen Kurztrip übers Wochenende machen, sind nicht gleich »Rabeneltern«, die ihre Kinder abschieben. Wenn sie nämlich ansonsten mit ihren Kindern spielen, reden und gemeinsame Freizeit genießen, dann ist etwas »gesunder Egoismus« nur allzu berechtigt. Und im Übrigen: Kindern geht es in Abwesenheit der Eltern oft erstaunlich gut. Dass Eltern und Kinder manchmal Heimweh haben, wenn sie zeitweilig getrennte Wege gehen, ist ganz normal. Eltern fällt es zuweilen sogar schwerer, ihre Kinder loszulassen, als umgekehrt. Wenn Sie in der Freizeit zu zweit immer wieder an die Kinder denken müssen, dann kann es helfen, einfach mal »Stopp« zu sagen – und damit Ihre Gedanken in eine andere Richtung zu lenken. Versuchen Sie danach, ganz bewusst und mit allen Sinnen den Augenblick und die Zweisamkeit wahrzunehmen.

Wenn Eltern und Kinder ihre Freizeit hin und wieder getrennt verbringen, sollten sie sich gegenseitig von ihren Erfahrungen erzählen. Die Eltern bringen vielleicht Prospekte von Paris mit, wo sie das ganze Wochenende verbracht haben. Papa erzählt, wie er mit Mama vergeblich im Louvre die Mona Lisa gesucht hat. Als Entschädigung kaufte er ihr auf dem Flohmarkt ein Paar Ohrringe. Die Kinder berichten von ihrem Wochenende bei Oma und Opa.

Kinder spüren intuitiv, wenn es den Eltern gut geht. Das kommt wiederum ihnen selbst zugute, denn Glück und Zufriedenheit überträgt sich auch auf andere – und so profitiert davon die ganze Familie. Und wie Sie die »kinderfreie Zeit« als Elternpaar organisieren können, erfahren Sie ab Seite 115.

»Es ist sonderbar, aber Eltern sind auch Menschen, und sie sind – was die Herstellung und Aufzucht von Nachwuchs betrifft – so etwas wie ungelernte Arbeiter.«
(Vicco von Bülow, alias Loriot, deutscher Satiriker)

Ab und an raus aus dem Alltag – genau das gibt Kraft für den Alltag. Genießen Sie immer wieder einmal die kostbaren Stunden zu zweit.

ZÄRTLICHKEITEN? DOCH NICHT VOR DEN KINDERN!

KINDER MÖCHTEN, DASS IHRE ELTERN GLÜCKLICH MITEINANDER LEBEN. IST DEREN BEZIEHUNG IN ORDNUNG, SO FÜHLEN SIE SICH AUCH WOHL. UND KINDER LERNEN VON DER PAARBEZIEHUNG IHRER ELTERN FÜR IHR EIGENES ZUKÜNFTIGES LEBEN.

VIEL ZÄRTLICHKEIT – GERADE IM ALLTAG

Wenn Eltern liebevoll miteinander umgehen, zeigen sie damit ihren Kindern: »Wir sind nicht nur Papa und Mama. Wir sind auch ein Paar, das sich liebt.« Wenn Kinder öfter alltägliche Konflikte mitbekommen als Zärtlichkeiten und Liebesbekundungen, wird ihnen eher das Trennende als das Gemeinsame zwischen den Eltern vor Augen geführt. Sicher gibt es viele Paare, die oft streiten und trotzdem eine intakte Beziehung führen. Immerhin gibt es ja noch den Abend zu zweit und die Versöhnung im Bett. Doch davon bekommen Kinder in der Regel nichts mit: Sie sehen die täglichen Auseinandersetzungen. Entwickeln Sie in Ihrer Familie deshalb eine »Kultur der Zärtlichkeit«. Natürlich ist jeder anders: Der eine zeigt offen seine Gefühle, ein anderer ist etwas verschlossener. Die folgenden Fragen können helfen, sich selbst besser einzuschätzen:

- Bin ich allgemein zurückhaltend im Umgang mit Gefühlen?
- Ahme ich vielleicht meine eigenen Eltern nach, die ihre Liebe vor uns Kindern nicht offen lebten?
- Habe ich Angst, dass die Kinder sexuelle Inhalte in meine Zuneigung hineindeuten?
- Habe ich Angst, die Kinder eifersüchtig zu machen?
- Bin ich so mit dem Alltagstrott beschäftigt, dass Zärtlichkeiten nur noch hinter verschlossenen Türen stattfinden?
- Stehen Beziehungsprobleme der Zärtlichkeit im Weg?

MEINE MAMA, MEIN PAPA – KINDLICHE EIFERSUCHT

Fallen sich die Eltern spontan um den Hals, dann reagieren manche Kinder mit Eifersucht. Gerade kleine Kinder bekunden ja zuweilen, die Mama oder den Papa später heiraten zu wollen. Und jetzt

Lassen Sie im Familienalltag Zärtlichkeit und liebevolle Gesten zu: Kinder brauchen sie ebenso wie Eltern.

schnappt der Rivale die geliebte Mama oder den begehrten Papa weg! In einer solchen Situation können Sie das Kind in die Umarmung einbeziehen. Dann wird eben zu dritt gekuschelt. Irgendwann lässt die Eifersucht nach. Das Kind begreift: Mama und Papa verbindet zwar etwas ganz Eigenes, aber ich gehöre auch noch dazu.

Problematisch ist die Zärtlichkeit der Eltern vor den Kindern in so genannten »Stieffamilien«. Wenn es Kinder aus einer früheren Beziehung gibt, kann es manchmal anfangs besser sein, nicht vor ihnen zu schmusen. Die Kinder müssen sich erst mit dem neuen Partner arrangieren. Hier ist besonderes Einfühlungsvermögen gefragt.

Ältere Kinder und Jugendliche können sich ihre Eltern oft gar nicht als Liebespaar, geschweige denn miteinander im Bett vorstellen. Dafür kann es verschiedene Gründe geben: Eltern werden manchmal über die Jahre ihrer Beziehung zurückhaltend. Offene Liebesbeweise vor den Kindern gibt es immer seltener. Tabus bauen sich auf. Darüber hinaus bekommen viele Kinder zwei gegensätzliche Bilder nicht unter einen Hut: Einerseits sind Eltern erziehende Begleiter und ernsthafte Vorbilder auf dem Weg ins Leben, und andererseits sollen sie in Liebesdingen kindlich, ausgelassen, verspielt und leidenschaftlich sein? Aber Zärtlichkeiten sind nicht vorbei, wenn man »in die Jahre kommt«. Gerade wenn Kinder größer werden, bekommen Eltern wieder mehr Zeit für sich, und die sollten sie genießen, sooft es geht.

Eltern können ruhig ab und an ein bisschen »verrückt« sein: Geben Sie immer auch der lockeren, verspielten Seite des Lebens eine Chance!

PARTNERSCHAFT VORLEBEN

Das lernen Kinder von ihren Eltern für spätere Beziehungen:
➤ Liebevoller Umgang miteinander
➤ Zärtlichkeiten geben und annehmen
➤ Achtung und Respekt vor dem Partner und vor anderen haben
➤ Ehrlichkeit und Vertrauen
➤ Konstruktiv streiten und sich wieder versöhnen
➤ Offen über Gefühle sprechen
➤ Füreinander einstehen, solidarisch sein
➤ Gemeinsame Interessen pflegen
➤ Einander unterstützen und fördern
➤ Gegenseitige Toleranz

FÜR DAS EIGENE LEBEN LERNEN

Die Paarbeziehung der Eltern hat Auswirkungen auf die Lebensqualität der Kinder. So erschüttern Ehekrisen und Trennungen Kinder sehr in ihrer seelischen Befindlichkeit. Sie geraten aus der Balance, wenn zu Hause dauerhaft etwas nicht stimmt, werden traurig, ziehen sich zurück oder reagieren aggressiv. Kinder übernehmen manchmal später auch Beziehungsprobleme ihrer Eltern in eigene Partnerschaften. Wenn Sie also Beziehungsproblemen auf den Grund gehen und Ihre Partnerschaft pflegen, tun Sie automatisch auch etwas für die künftigen Beziehungen Ihrer Kinder (siehe auch Kasten Seite 65).

Auch viele Eltern sind mehr von der eigenen Kindheit geprägt und belastet als sie glauben. Sie führen das Beziehungsspiel der eigenen Eltern weiter, ohne es zu wollen. Aber solche Erfahrungen müssen nicht zum Schicksal werden (siehe die folgende Übung).

ÜBUNG: ALTLASTEN ABWERFEN – GEHT DAS?

»Du nörgelt immer an mir herum«, sagt vielleicht der Mann. Der Frau kommt das irgendwie bekannt vor. »Er hat recht«, denkt sie. »Manchmal bin ich wirklich unausstehlich – und komme mir vor wie meine Mutter. Die war auch oft unzufrieden und hat das meinen Vater spüren lassen.« Falls Sie ab und an solche oder ähnliche Verhaltensweisen an sich bemerken, hilft vielleicht der Weg der kleinen Schritte.

1. Schritt: Aufhorchen

Nehmen Sie die Bemerkungen Ihres Gegenübers ernst. Oft sind andere Familienmitglieder ein guter Spiegel für das eigene Verhalten.

2. Schritt: Erinnern

Denken Sie darüber nach, wo und bei wem Sie Ihre eigene Verhaltensweise schon mal erlebt haben (»Damals hat meine Mutter/mein Vater dieses oder jenes gesagt/getan«). Notieren Sie sich einen solchen Gedankenblitz kurz, denn sonst vergessen Sie ihn meist wieder!

3. Schritt: Vorstellen

Dazu brauchen Sie etwas Zeit. Lesen Sie die Notiz. Stellen Sie sich eine Szene aus Ihrer eigenen Kindheit vor, die genau zu der Notiz passt. Zum Beispiel, wie Ihre eigene Mutter Sie als Kind zurechtwies oder an Ihrem Vater herumnörgelte. Lassen Sie das Bild so lebendig wie möglich werden. Betrachten Sie alle Details: Wie haben Sie sich dabei gefühlt? War es damals wirklich so, wie Sie es heute empfinden?

»Die Liebe stirbt meist an den kleinen Fehlern, die man am Anfang so entzückend fand.«
(Albert Schweitzer)

4. Schritt: Erkennen

Fragen Sie sich: »Was habe ich wie übernommen? … Welcher Zusammenhang besteht zwischen gestern und heute?« Zum Beispiel: »Ich mache meinen Partner auch ständig für alles verantwortlich – genau wie meine Mutter das tat.«

5. Schritt: Verändern

Dieser Schritt ist der schwierigste: Versuchen Sie, beim nächsten Mal bewusst anders zu reagieren als bisher. Sagen Sie »Stopp«, wenn Sie alte Gewohnheiten an sich bemerken. Allerdings ist es auch nicht sinnvoll, ins Gegenteil zu verfallen (beim Partner alles hinzunehmen, beim Kind alles laufen zu lassen). Versuchen Sie, angemessen zu reagieren – also mit einem konstruktiven Verhalten, das Sie weiterbringt: Statt zu nörgeln, kritisieren Sie sachlich. Statt zu schreien, zählen Sie innerlich bis 10 oder konzentrieren sich bewusst auf Ihre Atmung. Statt beleidigt zu sein, versuchen Sie, über Kritik nachzudenken.

ERKENNTNISSE IM ALLTAG UMSETZEN

Mitmenschen sind manchmal ein guter Spiegel. Nehmen Sie also Kritik Ihres Partners auch als Rückmeldung an. Sprechen Sie ruhig immer wieder einmal mit ihm und auch mit Ihren Kindern darüber, warum Sie manchmal so und nicht anders reagieren. Erzählen Sie Ihrer Familie auch etwas über Ihre eigene Kindheit. Vielleicht beeinflusst das Wissen um Ihre Vergangenheit auch die Toleranz Ihres Partners, und er bekommt mehr Verständnis für Sie. Auf diese Weise können Sie einander als Partner und als Eltern besser unterstützen.

»Alle Kinder lächeln über die Ansichten ihrer Eltern. Bis sie selbst Eltern geworden sind.«
(Liselotte Pulver, schweizerische Schauspielerin)

KEIN PAAR MEHR – ABER FÜR IMMER ELTERN

Trotz allem Bemühen können Partnerschaften scheitern. Aber auch Paare, die getrennt oder geschieden sind, können ihren Kindern gute Eltern bleiben. Zwar bekommen die Kinder dann keine Liebesbeziehung zwischen den Eltern vorgelebt, es werden ihnen jedoch trotzdem wesentliche Werte vermittelt: Wichtig ist in dieser Situation vor allem die Fähigkeit der Eltern, Meinungsverschiedenheiten konstruktiv zu lösen und die Kinder im Gerangel um »meine« und »deine« Interessen nicht in unnötige Konflikte zu bringen.

DEN
ALLTAG
MEISTERN

Als Paar lebt man nicht auf einer einsamen Insel. Sondern mitten im *ganz normalen Alltag*. Von allen Seiten kommen Ansprüche und Forderungen. Um dabei nicht unter die Räder der Routine zu geraten, müssen Sie ganz bewusst Ihre eigenen Prioritäten setzen – und *Ihre Partnerschaft* pflegen.

ZWISCHEN ANSPRÜCHEN
UND FORDERUNGEN

PARTNERSCHAFT BRAUCHT ZEIT. DOCH ZEITMANGEL, ÜBERLAS-
TUNG UND STRESS BEHERRSCHEN DIE MEISTEN BEZIEHUNGEN.
FINDEN SIE HERAUS, WAS IHNEN WICHTIG IST – UND RÄUMEN
SIE DEM WESENTLICHEN GENÜGEND PLATZ IN IHREM ALLTAG EIN.

JOB UND FAMILIE – WER MACHT WAS?

Partnerschaftliche Modelle sind heute nötig, um Beruf und Familie halbwegs zu vereinbaren.

Wurde in der Zeit der ersten Liebe alles zurückgestellt, was nicht mit der neuen Partnerschaft zu tun hatte, so verfallen viele Paare später ins andere Extrem: »Wir geben uns nur noch die Klinke in die Hand«, sagt die Ehefrau, und es klingt sogar ein wenig Stolz mit: Händchen halten, verliebte Blicke tauschen, das brauchen wir nicht mehr. Wir sind uns einander sicher, können uns allem anderen widmen.

Um sich Ihre Partnerschaft – und auch Ihre Zufriedenheit – zu erhalten müssen Sie Ihre ganz persönlichen Prioritäten setzen. Aber das ist leichter gesagt als getan. Als Paar sollten Sie Ihre beruflichen Entscheidungen gemeinsam treffen – und auch die damit verbundene

EIN KURZER CHECK IN SACHEN BERUF

➤ Wie wichtig ist mir mein Beruf im Augenblick – und in den nächsten Jahren – neben Partnerschaft und Kindern?
➤ Kann ich mit meinem Partner über berufliche Ziele sprechen?
➤ Welche Möglichkeiten gibt es, nach der Babypause wieder in den Job einzusteigen?
➤ Wie bewältige ich die Mehrfachbelastung (Familie und Beruf)?
➤ Wie können wir uns gegenseitig im Haushalt und bei der Kinderbetreuung unterstützen?
➤ Welche außerfamiliäre Kinderbetreuung gibt es? (Tipps dazu finden Sie ab Seite 116)?
➤ Wie kann ich Stress abbauen?
➤ Wie wirkt sich der Job auf Partnerschaft und Kinder aus?

Organisation partnerschaftlich planen und gestalten. Zuerst sollten Sie sich jedoch darüber klar werden, was Ihnen beiden wirklich wichtig ist. Der Check im Kasten unten links hilft Ihnen dabei. Nehmen Sie sich etwas Zeit, um die Fragen für sich zu beantworten.

BERUFSTÄTIG ODER VOLLZEIT-MUTTER: WAS IST MÖGLICH – WAS IST RICHTIG?

Wenn die Kinder größer werden, möchten viele Frauen wieder in den Beruf zurück. Dabei machen sie – mehr als die Männer – im wahrsten Sinne des Wortes einen Spagat zwischen Beruf und Familie.

Der Wunsch nach beruflichem Erfolg ist berechtigt: Schließlich sind viele Frauen heute so gut ausgebildet wie nie zuvor. Oft erweist sich aber die Pendelei zwischen Beruf und Familie als Drahtseilakt, der an den Nerven zehrt. Leider vermitteln die Medien immer noch das Bild der Super-Frau, die dank Zeitmanagement und Kinderfrau alles im Griff hat. Kein Wunder, dass viele Frauen nicht einmal zu klagen wagen, denn dies käme ja einem persönlichen Versagen gleich. Und nebenher bemühen sich die meisten Frauen auch noch darum, dass die Partnerschaft gut läuft. Erfahrungsgemäß zeigen sie sich dabei engagierter als Männer und sind auch bereit, ihren beruflichen Aufstieg abzubremsen, um sich intensiver um Partnerschaft und Familie zu kümmern. So nahmen Frauen bisher in über 98 Prozent der Fälle die Elternzeit (früher Erziehungsurlaub) in Anspruch.

Natürlich gibt es auch junge Väter, die ihrem Job vorübergehend den Rücken kehren, um sich eine Auszeit für die Familie zu nehmen. Aber den hohen Preis dafür zu zahlen fällt ihnen offensichtlich schwerer als den Frauen: Nach ihrer Rückkehr ist der angepeilte Platz auf der Karriereleiter oft vergeben. Und es gibt in Deutschland grundsätzlich nur wenige Jobs, in denen man durch eine flexible Zeiteinteilung Familie und Beruf miteinander vereinbaren kann.

EINE INDIVIDUELLE FRAGE: ZURÜCK IN DEN BERUF?

Viele Frauen berichten, dass die Berufstätigkeit – trotz aller Schwierigkeiten – ihrem Selbstbewusstsein gut tut. Das kann auch der Partnerschaft nützen, denn das eigene Selbstwertgefühl ist wichtig für die Zufriedenheit in der Beziehung. Auch die Kinder kommen nicht zu kurz, nur weil die Mutter berufstätig ist. Studien zeigen, dass sich Kinder berufstätiger Mütter ebenso gut entwickeln wie die Kinder von

»Enttäuschungen sind die Sporen, die uns das Schicksal gibt, um uns auf den richtigen Weg zu bringen.«
(Stijn Streuvels, flämischer Autor)

Familien-Frauen. Und: Berufstätige Mütter verbringen zwar weniger Zeit mit den Kindern, diese aber oft intensiver und bewusster.

Richten Sie sich bei Ihrer Entscheidung also vor allem nach eigenen Wünschen und Bedürfnissen: Oft ist ein Job für junge Mütter heute schon eine Image-Frage. »Was machst du denn sonst noch?« wird manchmal schon kurz nach der Entbindung gefragt. Im Freundeskreis und in Spielgruppen teilen sich die Mütter in zwei Fraktionen – Berufstätige und Nur-Mütter –, die einander mit Unverständnis und Konkurrenz begegnen. Vertreten Sie selbstbewusst Ihren eigenen Standpunkt: Oft – aber durchaus nicht immer – bringt der Job Selbstverwirklichung und Erfolg. Und nur Sie allein können einschätzen, ob in Ihrem Fall Vor- oder Nachteile der Berufstätigkeit überwiegen.

GEMEINSAM STRATEGIEN ENTWICKELN

Wenn Sie gern beide berufstätig sein möchten, aber noch keine genauen Vorstellungen haben, setzen Sie sich doch einmal als Paar zusammen und überlegen Sie, welche Lösungen Ihnen spontan einfallen. Hier einige Beispiele:

Jede Frau muss für sich entscheiden, wie ihr Leben mit Kindern weitergeht. Und das hängt vor allem von individuellen Umständen sowie den Wünschen und Bedürfnissen der Frau selbst ab.

ELTERNZEIT – NEUE CHANCE FÜR PAARE?

Das Bundeserziehungsgeldgesetz sieht für Eltern mit Kindern ab Geburtsjahrgang 2001 eine »Elternzeit« von maximal 36 Monaten vor. Diese kann ganz oder teilweise gemeinsam genommen werden. Die Eltern können sich auch abwechseln. Sie können dabei wöchentlich bis zu 30 Stunden arbeiten (oder zusammen 60 Stunden, wenn beide Elternzeit nehmen). Das dritte Jahr der Elternzeit kann – mit Zustimmung des Arbeitgebers – bis zum achten Geburtstag des Kindes hinausgezögert werden. Es besteht ein Rechtsanspruch auf Teilzeitarbeit, jedoch nur in Firmen mit mehr als 15 Mitarbeitern: Jeder Elternteil kann auf 15 bis 30 Wochenstunden reduzieren, (Adresse für weitere Informationen siehe Seite 156).

- Zunächst nimmt Beate ein Jahr Elternzeit und dann ist Peter dran. Nach der Babypause werden sie weiter sehen.
- Ulrike ist Stationsärztin im Krankenhaus, Jens als freier Grafiker zu Hause. Er kümmert sich zusammen mit der Oma um die Kinder.
- Paul arbeitet ganztags. Ilona arbeitet dreimal pro Woche nachmittags. In der Zeit kümmert sich eine Kinderfrau um ihre Kinder.

DAS BESTE AUS DER SITUATION MACHEN

Haben Sie als Paar gemeinsam ein praktikables Modell gefunden, das den Bedürfnissen beider Partner Rechnung trägt, so haben Sie schon viel für mehr Zufriedenheit in der Partnerschaft getan. In der Praxis stehen den meisten Paaren jedoch gar nicht alle Möglichkeiten offen: Es gibt immer weniger Arbeitsstellen, die ein Miteinander von Beruf und Familie ermöglichen, besonders für Frauen.

Viele Arbeitgeber sind jungen Müttern gegenüber skeptisch – sie wissen um die fehlende Kinderbetreuung. Zudem werden in vielen Branchen gar keine Halbtagsstellen angeboten, und die sind ja gerade für Frauen interessant. Andere Arbeitsplätze sind mit langen Anfahrtszeiten verbunden.

Viele Eltern finden keine passende Kinderbetreuung, Krippenplätze und Tagesmütter sind rar. Oft reicht auch der Verdienst hinten und vorn nicht aus, so dass an eine bezahlte Kinderfrau gar nicht zu denken ist. Politische und gesellschaftliche Veränderungen dazu gesche-

Durch Kinder zerfällt das Leben in viele Bereiche. Und in der Verteilung der Aufgaben liegt viel Zündstoff.

hen langsam, zu langsam. Und oft bleibt nur, das Beste aus der Situation zu machen. Meist muss dabei improvisiert werden: Aber immer noch besser, Sie finden eine halbe Lösung als gar keine.

ZURÜCK IN DEN BERUF – SO SCHAFFEN SIE ES

■ Halten Sie guten Kontakt zu Ihrer Arbeitsstelle, etwa indem Sie ab und an Kollegen besuchen. Sprechen Sie mit Ihrem Arbeitgeber rechtzeitig über Möglichkeiten der Teilzeitarbeit (siehe Seite 73).

■ Vielleicht können Sie ja auch während der Elternzeit eine Krankheits- oder Urlaubsvertretung übernehmen. Wenn diese zeitlich begrenzt ist, lässt sich auch die Kinderbetreuung leichter organisieren. In einigen Berufen ist auch Heim- oder Telearbeit möglich.

»Der Beruf ist das Rückgrat

des Lebens.«

(Friedrich Nietzsche)

PLANSPIEL: DEN ALLTAG PROBEN

Spielen Sie verschiedene Modelle gedanklich durch: Welches wäre für Sie praktikabel? Wenn Sie sich entschieden haben, stellen Sie sich den damit verbundenen typischen Tagesablauf als Eltern vor:

➤ Schreiben Sie sich dafür einmal im Einzelnen auf, wer welche Aufgaben übernimmt: das Kind anziehen, zur Tagesmutter bringen, wieder abholen ...

➤ Notieren Sie, wo es kritische Stellen im Tageslauf gibt, die anders organisiert werden müssen: Ihr Kind hat vielleicht einen Kindergartenplatz bis 12.00 Uhr, Ihr Halbtagsjob endet um 12.30 Uhr. Überlegen Sie, wie Sie das lösen: etwa, indem Sie mit dem Kindergarten vereinbaren, dass das Kind bis 13.00 Uhr bleiben kann. Vielleicht holt auch die Oma das Kind vom Kindergarten ab.

➤ Planen Sie auch ein, dass Einkäufe erledigt werden müssen – und wer kocht für das Kind Mittagessen? Welche Möglichkeiten der Vorratswirtschaft gibt es (Großeinkauf, Tiefkühltruhe ...)?

➤ Denken Sie auch an Sonderfälle, zum Beispiel an eine längere Krankheit des Kindes. Gibt es einen Notfallplan dafür, vielleicht die Oma, die einspringt?

➤ Es kann auch helfen, wenn Sie solch einen Tag einmal real absolvieren – wie bei einem Planspiel –, noch bevor Sie Ihren ersten Arbeitstag haben.

- Bleiben Sie am Ball! In der Babypause können Sie sich fortbilden, zum Beispiel, indem Sie Fachbücher lesen oder Kurse besuchen.
- Viele Städte bieten Programme zum Wiedereinstieg in den Beruf an (zum Beispiel bei der Volkshochschule) oder Kurse für den Weg in die Selbstständigkeit, speziell für Frauen. Die Frauenbüros der Städte beraten entsprechend und bieten zum Teil eigene Kurse an.
- Vertrauen Sie Ihr Kind möglichst regelmäßig einem Babysitter an. Das ist eine gute Vorbereitung für die spätere Betreuung während Ihrer Berufstätigkeit. Überlegen Sie, welche Möglichkeiten der Kinderbetreuung für Sie in Frage kommen: ein Platz in der Kindertagesstätte oder in der Kinderkrippe? Die Tagesmutter? Interessant sind manchmal auch private Initiativen: Zwei oder mehr Familien nehmen sich eine Tagesmutter und teilen die Kosten, oder mehrere Mütter betreuen die Kinder im Wechsel. Denken Sie auch daran, dass Ihr Kinder älter wird. Wie soll es im Schulalter betreut werden – im Hort, in einer Grundschule mit verlässlicher Kinderbetreuung? Leider mangelt es an guten Betreuungsmöglichkeiten für Schulkinder.
- Prüfen Sie, wie viel Geld Sie maximal für Kinderbetreuung aufbringen können. Wie teilen Sie sich die Kosten? Informieren Sie sich über ermäßigte Kindergartenbeiträge, etwa beim Jugendamt.
- Zuverlässige Großeltern sind meist tolle Babysitter. Diese Lösung bedeutet jedoch eine zeitliche Einschränkung für die – oft selbst noch berufstätigen – Großeltern. Sind diese dazu bereit?
- Eine ausgedehnte Elternzeit ist schön für Eltern und Kind. Aber leider bedeutet sie für Mütter wie Väter meist einen Karriereknick. Setzen Sie sich präzise Ziele, was Sie beruflich erreichen wollen, reden Sie auch mit Ihrem Partner darüber. Klare Ziele sind die Voraussetzung für die einzelnen Schritte, die dahin führen können.
- Sie können auch zwischendurch immer wieder einmal Bewerbungsschreiben verschicken, um Ihren Marktwert zu testen. Dabei gibt es manchmal sogar »Zufallstreffer«.

Viele Partnerschaften leiden darunter, dass man heute alles will. Wer einsieht, dass »alles« unmöglich ist, kann immerhin »viel« erreichen.

BEZIEHUNGSKILLER HAUSHALT

Wenn Kinder geboren werden, wächst die Hausarbeit an: Windel- und Wäscheberge, benutztes Geschirr, schmutzige Hosen und Spielzeug verwandeln die ehemals aufgeräumte Wohnung in eine Villa Kunterbunt. All das macht viel mehr Arbeit, als man zunächst ver-

Ein gutes Miteinander ist schon in einer Partnerschaft von Vorteil. In der Familie wird es unabdingbar.

muten könnte. Und kaum jemand macht Hausarbeit wirklich gern. Sie ist monoton, meist mit Schmutz und Unannehmlichkeiten verbunden, wird wenig geachtet – und im eigenen Haushalt auch nicht bezahlt. Und sie ist das Feld für Missverständnisse und Kränkungen: Während er sich vielleicht nichts dabei denkt, die Socken einfach herumliegen zu lassen, empfindet sie es, als habe er ihr dieselben absichtlich vor die Füße geworfen. Wer den Dreck wegmachen muss, der erlebt sich selbst mitunter auch als »den letzten Dreck«.

Es gibt sicher Paare, bei denen Ordnungs- und Sauberkeitsvorstellungen halbwegs übereinstimmen und die vieles ganz selbstverständlich nebenbei erledigen. Doch dieser Idealfall ist wie ein Treffer im Lotto. Bei den meisten Paaren existieren recht unterschiedliche Vorstellungen von Ordnung und Sauberkeit: Was der eine als gemütliches Chaos empfindet, erlebt der andere als Katastrophe.

Darüber hinaus sind es in der Regel immer noch vorwiegend die Frauen, die – nicht immer ganz freiwillig – Hausarbeit zu ihrer Sache erklären. Familienfrauen übernehmen sicher aus gutem Grund an Wochentagen den größeren Teil der Arbeit – immerhin kann er nach Büroschluss nicht noch den Wäscheberg abarbeiten, das ist allenfalls am Wochenende möglich. Berufstätige Paare sollten jedoch darauf achten, dass beide Partner gleiche Anteile an der Hausarbeit leisten. Leider sieht es in der Praxis allzu oft immer noch so aus, dass auch berufstätige Frauen nach Feierabend die Ärmel hochkrempeln und sich in Putzfrauen verwandeln, während ihre Männer nur nach Aufforderung aktiv werden.

Legen Sie deshalb in Ihrer Familie gemeinsam fest, wer für was zuständig ist. Neben den Ehepartnern können auch Kinder ihrem Alter entsprechende Aufgaben und Ämter bekommen. Diskussionen werden sich dabei nicht vermeiden lassen. Langfristig ist der unbequeme Weg über Debatten aber der bessere. Sie erstreiten sich dabei mehr Freiräume und mehr Zufriedenheit.

KINDERERZIEHUNG RUND UM DIE UHR

Kinder müssen erzogen werden – ständig. Diese Tatsache bringt immer wieder Meinungsverschiedenheiten und Konflikte in die Partnerschaft. Deshalb sprechen Sie möglichst frühzeitig miteinander über wichtige Erziehungsgrundsätze und darüber, welchen Stil Sie in der Erziehung verfolgen möchten. Die stete Erziehungsarbeit kann

»Erziehung ist Beispiel und Liebe. Sonst nichts.«
(Friedrich Fröbel, deutscher Pädagoge)

MITEINANDER – NICHT GEGENEINANDER

Erziehung ist eine Aufgabe, die Eltern gemeinsam meistern sollten. Die folgenden Tipps können Ihnen dabei helfen:

➤ Geben Sie einander Rückmeldung darüber, wie Sie sich gegenseitig im Umgang mit den Kindern erleben.

➤ Bitten Sie Ihren Partner direkt um Unterstützung, vor allem in schwierigen Phasen – etwa wenn ein Kind krank ist, sich auffällig verhält, Schwierigkeiten in der Schule oder mit Freunden hat.

➤ Tauschen Sie Erlebnisse aus, die Sie allein mit den Kindern hatten. So bekommen beide wichtige Informationen und können sich ein vollständigeres Bild von der Entwicklung der Kinder machen.

➤ Sprechen Sie auch über Ihre eigene Kindheit miteinander. Gerade bei der Erziehung wiederholt man ungewollt Fehler der eigenen Eltern. Erinnern Sie sich an Ihre Kindheit. Sehen Sie sich alte Kinderfotos im Fotoalbum an. Wie haben Sie sich damals gefühlt, als Sie im Alter Ihrer Kinder waren? Wie waren Ihre Eltern zu Ihnen? Setzt sich in Ihrer jetzigen Familie etwas von damals fort? Eine hilfreiche Übung zu diesem Thema finden Sie auf Seite 66.

die Paarbeziehung ganz schön belasten. Und gerade in alltäglichen Stress-Situationen reagieren Eltern auch nicht immer so, wie sie eigentlich möchten. Die meisten jungen Eltern versuchen heute ihre Kinder mit Gesprächen und Erklärungen zu erreichen, statt sofort zu strafen. Dabei wird manchmal vergessen, dass Kinder auch klare Grundsätze und Regeln brauchen (siehe auch Kasten rechte Seite).

GEMEINSAME REGELN FINDEN

Natürlich können Sie als Eltern in der Erziehung unterschiedlicher Meinung sein. Bei wichtigen Entscheidungen sollten Sie jedoch an einem Strang ziehen, etwa in welchen Kindergarten, welche Schule die Kinder gehen oder welche ärztliche Behandlung Sie befürworten. Wichtig sind außerdem folgende Bereiche im Erziehungsalltag:

Tagesablauf

Welche Zeiten gelten fürs Aufstehen, Mittagessen und Schlafengehen? Wann wird abends im Kinderzimmer das Licht gelöscht? Welcher andere Rhythmus gilt am Wochenende oder in den Ferien?

Ordnung und Aufräumen

In welchen Räumen darf gespielt werden? Wie wird das Aufräumen des Spielzeugs geregelt?

Ernährung

Wie viele Süßigkeiten gibt es am Tag oder in der Woche? Wo werden die süßen Schätze aufbewahrt?

Tischmanieren

Tun sich die Kinder das Essen selbst auf, oder wird es verteilt? Darf man während des Essens aufstehen? Welche Tischsitten sind wichtig?

Pünktlichkeit

Wann soll das Kind vom Spielen nach Hause kommen? Wie groß ist die Toleranz bei Unpünktlichkeit?

Selbstständigkeit

Was soll das Kind wann allein können, zum Beispiel: allein essen, sich anziehen, kleine Einkäufe selbst erledigen, allein Roller fahren …? Wie soll sich ein älteres Kind verhalten, wenn die Eltern für kurze Zeit nicht zu Hause sind (soll es ans Telefon gehen, die Tür öffnen …)? Welche Aufgaben übernimmt das Kind ab wann im Haushalt?

Gefahren

Was ist fürs Kind tabu, was nicht (Messer, Schere, Kerzen …)? Wie werden bei Kleinkindern Treppen, Steckdosen oder Herd gesichert?

Erkennen Sie Situationen und Probleme aus Ihrer eigenen Kindheit wieder? Wie man sich als Mutter oder Vater verhält, wird häufig stark von solchen Erfahrungen beeinflusst.

Freunde

Wie viele Freunde dürfen wann mitgebracht werden? Muss das angemeldet werden oder nicht?

Medien (Fernseher, Computer ...)

Zu welchen Zeiten und wie lange darf ferngesehen werden? Gelten in der Woche andere Regeln als am Wochenende? Dürfen die Kinder allein an den Computer oder ins Internet?

Konflikte und Streit zwischen Kindern

Wie lange zuschauen, wann eingreifen? Wo sind Grenzen bei körperlichen Auseinandersetzungen? Welche Schimpfwörter sind erlaubt?

Hausaufgaben

Wie selbstständig soll das Kind arbeiten, wie viel Hilfe bekommt es von Ihnen? Wie wichtig ist Leistung?

Toleranz

Welchen Spielraum gibt es bei Regeln: Wie oft wiederholen die Eltern ein Verbot oder eine Aufforderung? Wann muss das Kind mit Konsequenzen rechnen: sofort, nach dem zweiten, dritten, vierten Mal)?

Finanzielle Entscheidungen

Einig sollten Eltern darüber sein, ab wann und wie viel Taschengeld ihr Kind bekommt, welche Spielzeuge, welche Kleidung bezahlt wird.

»Eltern verzeihen ihren Kindern die Fehler am schwersten, die sie ihnen anerzogen haben.« (Marie von Ebner-Eschenbach, österreichische Dichterin)

WIE ENG SOLL MAN REGELN SEHEN?

➤ Regeln müssen mit Kindern besprochen und häufiger wiederholt werden. Sie sollten als Eltern-Paar beide die Regeln einhalten.

➤ Kinder müssen natürliche Konsequenzen spüren, wenn Regeln nicht eingehalten werden. Wer zum Beispiel im Wohnzimmer Spielzeug verstreut, muss es auch wieder wegräumen, wer den Tisch mit Farbe beschmiert, muss ihn wieder putzen. Strafen müssen angemessen sein und gleich erfolgen (nicht drei Tage später).

➤ Informieren Sie Ihren Partner, welche Konsequenzen Sie für bestimmte Verhaltensweisen angekündigt haben, damit der andere Bescheid weiß. Kinder haben ein feines Gespür dafür, wenn Mama und Papa nicht an einem Strang ziehen. Sie nutzen diese Schwäche gern aus, um beide Elternteile gegeneinander auszuspielen. Das schadet Ihnen und den Kindern gleichermaßen.

STREIT, KRACH, KONFLIKTE – WIE DAMIT UMGEHEN?

Streit-Dauerbrenner gibt es in jeder Partnerschaft – und in jeder Familie. Hier geht es dann meist um so leidige Themen wie Tischmanieren, Ordnung und Fernsehen. Dabei sind Mutter und Vater sicher öfter mal unterschiedlicher Meinung – das sollten Sie aber nicht unbedingt direkt vor den Kindern austragen. Vielleicht besprechen Sie das Problem lieber am Abend oder beim nächsten Zwiegespräch (Tipps dazu finden Sie ab Seite 95).

Frauen und Männer haben meist einen grundsätzlich verschiedenen Stil im Umgang mit dem Nachwuchs: Während Mütter die Kinder oft mehr umsorgen und behüten, achten Väter vielleicht stärker auf Selbstständigkeit – und sie spielen meist auch ganz anders mit ihren Kindern als Mütter. Häufig sind Väter im Spiel wilder, risikobereiter, entdeckungsfreudiger. Unterschiedliche Stile von Mutter und Vater geben Kindern die Chance, ganz unterschiedliche Verhaltensweisen kennen zu lernen. Konkurrenz zwischen den Eltern um »die bessere Erziehung« ist also völlig überflüssig und erschwert lediglich den Eltern ihren gemeinsamen Weg (siehe auch Kasten Seite 79).

FREIZEIT-LUST – FREIZEIT-FRUST?

Von einem bunten Freizeitleben können alle profitieren. Und wer ab und an etwas ohne den Partner unternimmt, taucht auch in eine andere Welt ein, knüpft Kontakte, macht neue Erfahrungen. Das alles kann anregend sein – für einen selbst und für die Partnerschaft. Allerdings sollten Paare darauf achten, dass »ihre« und »seine« Freizeit halbwegs gleich gewichtet sind. Wenn nur einer Freizeit in Anspruch nimmt, während der andere ständig das Kind hüten muss, sind Konflikte vorprogrammiert. Aber auch wenn sich Partner wegen zahlreicher Alleingänge kaum noch sehen, wird die Beziehung zur Kulisse zweier Singles. Hat dagegen keiner ein Hobby, und beide schlafen allabendlich gemeinsam vor dem Fernseher ein, verbringen sie zwar viel Zeit miteinander, aber die permanente Nähe hat auch etwas Erdrückendes. Die Lösung liegt im gesunden Mittelmaß: In einer Beziehung brauchen beide Partner Zeit für sich allein – aber auch gemeinsame Zeit mit dem Partner und mit gemeinsamen Freunden.

FREIE ZEIT SINNVOLL GENIESSEN

Wichtig ist aber nicht nur die Menge der freien Zeit, sondern auch ihre Qualität. Nicht umsonst gibt es das paradoxe Wort »Freizeit-Stress«. Viele Familien packen so viel Aktivitäten in die freie Zeit, dass Muße und Erholung gar keine Chance haben. Zudem wird Freizeit heute stark von Medien dominiert. Da laufen Fernseher und Computer am Wochenende fast pausenlos. Übermäßiger Medienkonsum ist jedoch der Beziehungsfeind Nummer eins. Jedes Familienmitglied taucht für sich allein in seine eigene Welt ab, der Dialog verstummt. Schalten Sie den Fernseher deshalb einfach mal aus und schauen Sie, was passiert! Vielleicht spielen die Kinder einfach miteinander, oder Sie machen zusammen einen kleinen Spaziergang durchs Viertel? Denken Sie in der Freizeit an Ihre Bedürfnisse als Frau und Mann, aber auch als Paar. Sind beide Partner mit der Freizeitgestaltung zufrieden? Sind Aktivität und Ruhe ausgewogen? Sind Gespräche möglich? Schließlich geht es dabei um die kostbare Zeit, in der Sie Energie für den Alltag und für die Paarbeziehung tanken können (Tipps siehe ab Seite 121).

Freunde schaffen die Außenbeziehungen, die Eltern-Paare brauchen, um auch über den eigenen Gartenzaun hinauszublicken.

MEINE, DEINE, UNSRE FREUNDE

Sie und Ihr Partner haben vermutlich jeder eigene Freunde, manchmal noch aus der Single-Zeit. Diese Freundschaften sollten Sie beibehalten und pflegen, denn sie können einen guten Ausgleich bieten für Alltag und Familienleben. Gerade wenn Kinder kommen, müssen solche alten Kontakte manchmal ganz bewusst erhalten werden, damit sie neben dem Familienalltag nicht verloren gehen.

ALTE FREUNDSCHAFTEN AUFRECHTERHALTEN

- Durchforsten Sie Ihr Adressbuch: Welche Kontakte sind Ihnen noch wichtig? Die Freundin aus der Studienzeit? Ein ehemaliger Kollege? Rufen Sie an! Vielleicht zum Geburtstag eines Freundes. Eine gute Erinnerungshilfe dafür ist ein Geburtstagskalender.
- Bei Freunden, die selbst keine Kinder haben, sollten Sie besser nicht pausenlos über Ihren Nachwuchs reden. Geben Sie den Freunden Gelegenheit, von ihrem Leben zu erzählen. Vielleicht finden Sie ein gemeinsames, interessantes Thema aus Beruf, Freizeit oder Politik?
- Gönnen Sie sich selbst immer wieder einmal bewusst Auszeiten vom Familienleben: Treffen Sie sich mit der alten Freundin im Café oder besuchen Sie sie ohne Nachwuchs zu Hause.
- Schicken Sie ab und an eine Karte aus dem Urlaub. Lassen Sie Ihren Nachwuchs ruhig etwas dazumalen. Bei Kinderbildern geht vielen das Herz auf: Ein netter Rückruf ist Ihnen so gut wie sicher.
- Wenn Sie wenig Zeit haben, kann ein Rundbrief die Lösung sein. Verschicken Sie – vielleicht einmal im Jahr – ein solches Rundschreiben in Fotokopie oder als Computer-Ausdruck. Geben Sie

Spontane Unternehmungen, kleine Ausflüge und ähnliche Erlebnisse mit Freunden tun auch Ihrer Partnerschaft gut.

FREUNDE IM »FAMILIENFORMAT«

➤ Laden Sie doch mal zwei oder drei Mütter mit ihren Kindern zum Kaffee ein: Die Kinder spielen, Sie unterhalten sich.

➤ Laden Sie ein befreundetes Ehepaar – mit oder ohne Kindern – zum Abendessen ein (an Übernachtungsmöglichkeiten denken).

➤ Auch ein Grillabend für mehrere Familien kann eine gute Idee sein. Oder wie wäre es mit einem gemeinsamen Ausflug, einem Picknick, einem Zoobesuch oder einer Bootsfahrt?

➤ Auch ein gemeinsamer Urlaub mit Freunden und deren Kindern kann schön sein. Die Eltern können einander bei der Kinderbetreuung abwechseln, und die Kinder haben mehrere Spielgefährten. Wichtig: Auch gute Freunde können sich auf die Nerven gehen. Deshalb sollte jede Familie unbedingt genügend Freiraum für sich haben und auch mal etwas ohne die Freunde unternehmen. Sprechen Sie die Erwartungen unbedingt schon vor dem Urlaub ab!

➤ Neue Bekannte und Freunde finden Sie in der Nachbarschaft, im Geburtsvorbereitungs- oder Rückbildungskurs, bei Baby-Treffen, in Spielgruppen oder im Kindergarten.

einige Informationen über Ihr aktuelles Leben, fügen Sie jeweils eine persönliche Anrede ein und legen Sie vielleicht auch noch ein schönes Foto dazu.

NEUE FREUNDE FINDEN

Neben den alten Freunden von einst wird es wahrscheinlich auch einen gemeinsamen Freundeskreis geben, der sich oft noch einmal neu formiert, wenn Kinder kommen: Ein Paar mit Kindern zieht andere Eltern-Paare an, denn gemeinsame Interessen verbinden.

Viele Alltagsprobleme werden entschärft, wenn Sie plötzlich erkennen, dass die Kinder eines befreundeten Paares ähnliche Probleme machen wie Ihre eigenen. Auch Parallelen zu Problemen in der Paarbeziehung werden Ihnen auffallen, wenn Sie genau hinschauen. Die Erkenntnis, dass Ihre Situation kein Einzelfall ist, wirkt oft schon entlastend. Außerdem können Sie beobachten, wie andere Eltern-Paare ganz praktisch ihren Alltag meistern, und sich bestimmt die eine oder andere Anregung dabei holen.

Entscheiden Sie sich neben allen Aktivitäten ab und an ruhig auch mal dafür, bewusst nichts zu tun und Ihre Freizeit einfach so zu genießen.

Natürlich sind Freunde nicht immer nur ein Segen. Wenn ein befreundetes Paar jedes Wochenende vor Ihrer Tür steht, müssen Sie freundlich, aber bestimmt die Notbremse ziehen. Anstrengend sind auch befreundete Paare, die über die Kinder einen Konkurrenzkampf austragen: Da werden sämtliche Entwicklungsfortschritte und Schulleistungen verglichen. Grundsätzlich sollten Sie schauen, ob die Beziehung für Sie auf Dauer eher belastend oder bereichernd ist.

FINANZEN, ANSCHAFFUNGEN & CO.

Kinder gehen an den Geldbeutel. Es muss geteilt werden, und das ist nicht immer leicht. Im Alltag wird deshalb viel Zeit und Energie für Finanzfragen aufgewendet. Es gilt zwar immer noch als unfein, zu laut über Geld zu reden, aber es spielt nun einmal eine wichtige – wenn auch nicht die wichtigste – Rolle.

Haben Sie vor oder während der Ehe Absprachen getroffen, wie Sie die Finanzen regeln (siehe ab Seite 45), haben Sie schon einen großen Vorsprung vor den Paaren, die dieses Thema dem Zufall überlassen und dann darüber immer wieder in Streit geraten. Wichtig: Der Elternteil, der zeitweise zu Hause bleibt, muss einen angemessenen Geldbetrag zur eigenen Verfügung erhalten, denn der Familienjob ist ebenso wichtig wie die Berufstätigkeit außer Haus.

Aber nicht nur durch Absprachen nehmen Sie Konflikten die Spitze. Auch Kreativität, Einfallsreichtum und Improvisationstalent sind gefragt. Warum nicht ein gebrauchtes Kinderbett kaufen, im Secondhandladen stöbern oder eine Sitzgarnitur aus zweiter Hand wählen? Wenn Sie erkennen, dass man auch mit wenig Geld weit kommen kann, dann ist schon viel gewonnen. Bei aller Sparsamkeit: Familien brauchen manchmal besondere finanzielle Unterstützung. Wenn Sie Rat und Hilfe benötigen, dann können Familienberatungsstellen weiterhelfen (Adressen siehe Anhang, Seite 156).

Geld ist nicht nur Zahlungsmittel. Es ist gleichermaßen Symbol für Abhängigkeit wie für Freiheit.

RUHE UND MUSSE – MAL WIEDER GANZ FÜR SICH ALLEIN SEIN …

Mal ehrlich: Wie viel Zeit haben Sie neben dem Familienrummel noch für sich allein? Das Kind schläft, der Ehemann ist im Job. Die Frau gönnt sich eine Tasse Tee und schaut aus dem Fenster. Oder: Die Frau ist mit dem Kind in der City. Der Mann legt sich aufs Sofa und dreht in voller Lautstärke seine Lieblingsmusik auf. Leider gibt es sol-

*Besuche auf dem Flohmarkt
sind nicht nur eine Sache für
Schnäppchenjäger – sie können auch ein wunderbares
Familienerlebnis sein.*

che Momente in jungen Familien fast gar nicht. Da geht es meist turbulent zu, und immer will irgend jemand etwas von einem.

Wenn es doch mal Pausen geben sollte, meldet sich rasch das schlechte Gewissen: Nur faul herumsitzen? Sollte ich jetzt nicht lieber den Trockner ausräumen oder die Steuererklärung anfangen? Nein. Keiner muss immer etwas tun müssen. Sie brauchen als junge Eltern viel Energie für all die Ansprüche und Verpflichtungen.

Pausen sind gut. Lassen Sie einfach mal Ihre Gedanken und Gefühle kommen und gehen – und die Bilder auf sich wirken, die Sie spontan sehen. So spüren Sie, was Sie im Moment wirklich bewegt. Manchmal kommen dabei auch Einfälle und Lösungen für Probleme. Momente der Stille, in denen Sie sich einfach zurücklehnen, entspannen, träumen oder vor sich hin denken, geben Ihnen neue Kraft für den Alltag. Machen Sie auch hin und wieder eine Entspannungsübung (siehe auch ab Seite 152).

DIE KONSEQUENZEN ZIEHEN: TERMINBERGE ABBAUEN

Überlegen Sie, wo Sie in Ihrem Alltag Zeit einsparen können – und scheuen Sie sich nicht, andere einzuspannen, wenn Ihnen das Familien-Management keine Luft mehr lässt: Babysitter, Großeltern, Freunde, Ehepartner und Kinder können Ihnen einen Teil der Arbeit abnehmen (siehe auch ab Seite 38 und ab Seite 115). Und statt eines neuen Autos oder einer neuen Schrankwand könnten Sie sich vielleicht sogar eine Putzhilfe leisten, wenn Sie das Familienbudget entsprechend umverteilen.

Zeitpläne erlauben es, Herr und Meister der Zeit zu sein und nicht ihr Sklave.

Überlegen Sie beim Anblick Ihres Kalenders, ob alle Termine darin wirklich notwendig und sinnvoll sind. Vielleicht markieren Sie einmal mit einem Stift all die Termine, die Sie am ehesten streichen könnten. Horchen Sie dabei in sich hinein und fragen Sie sich: Was will ich eigentlich vom Leben? Was wünsche ich mir für meine Familie? Überlegen Sie, ob Sie die Fortbildung, das Fitnesscenter, das Amt oder den Zusatzverdienst wirklich brauchen. Stellen Sie sich vor, was Sie tun würden, wenn dieser oder jener Termin nicht mehr in Ihrem Kalender stünde. Manche Termine entstehen nämlich im Strudel eines bestimmten Zeit-Geistes: Was alle tun, muss ich auch machen. Wenn Sie in Ihrem Kalender aufräumen, gewinnen Sie Zeit, etwa für Gespräche miteinander oder für andere Unternehmungen.

ZEIT UND RAUM
FÜR DIE LIEBE FINDEN

GERADE PAARE MIT KLEINEN KINDERN MÜSSEN VIEL ZEIT IN DIE KINDERERZIEHUNG INVESTIEREN. AUCH DIE BELASTUNG DURCH HAUSHALT UND BERUF IST RELATIV HOCH, LEIDER TRITT NEBEN ALL DIESEN WICHTIGEN AUFGABEN DIE PARTNERSCHAFT OFT IN DEN HINTERGRUND. ABER EINE BEZIEHUNG BRAUCHT ZEIT UND RAUM – UM ZU BESTEHEN, ZU WACHSEN, SICH ZU ENTWICKELN.

IM PLUS ODER IN DEN MIESEN:
WIE GEHT ES IHREM »BEZIEHUNGSKONTO«?

Der Eheforscher John Gottmann vergleicht eine Beziehung mit einem Konto: Wird zu wenig eingezahlt und zu viel abgehoben, droht das Scheitern der Verbindung.

Ein dickes Plus auf dem Beziehungskonto bringen zum Beispiel gute Gespräche (siehe ab Seite 92), liebe Worte, Komplimente, Geschenke, gemeinsame (Freizeit-)Erlebnisse, lieb gewordene Gewohnheiten, gemeinsame Rituale, Zärtlichkeit und eine befriedigende Sexualität. Abbuchungen sind unter anderem: zu viel Kritik, Enttäuschungen, destruktive Streitereien, Verletzungen oder Kränkungen.

Wer immer nur vom Beziehungskonto abbucht, kommt schnell in die Miesen.

KLEINE GESTEN ERHALTEN DIE LIEBE

Überraschen Sie Ihren Partner auch im Alltag immer wieder mit Aufmerksamkeiten. Das muss gar nicht immer etwas besonders Außergewöhnliches sein: Ein paar liebevolle Streicheleinheiten, eine schnelle Massage für den verspannten Rücken, das Lieblingsessen am Abend auf dem Tisch, immer wieder die bewusste Zuwendung und kleine Rituale helfen schon, auch in stressigen Zeiten die Liebe vor dem Zerbrechen zu beschützen.

Erhalten Sie sich solche netten Gesten und wertvollen Momente. Damit werden immer wieder wichtige Weichen für die Zukunft Ihrer Partnerschaft gestellt.

Nach langjährigen Studien schätzt Gottmann, dass auf jede negative Reaktion des Partners mindestens fünf positive »Aktionen« kommen sollten, um das Konto wieder auszugleichen. Ein dickes Plus auf dem Beziehungskonto ist übrigens der Humor: Eine witzige Bemerkung – richtig angebracht – kann beide zum Lachen bringen und so manchen Streit schnell entschärfen.

Prüfen Sie immer wieder einmal: Wie sieht es gerade auf Ihrem Beziehungskonto aus? Wenn Sie sich augenfällig in Richtung Minus bewegen, so können Sie durch regelmäßige »Einzahlungen« Ihren Kontostand wieder aufbessern! Versuchen Sie es gleich mit ein paar anerkennenden Worten oder Komplimenten: »Gut schaust du heute wieder aus, mein Schatz!«, oder: »Prima, dass du schon den Tisch gedeckt hast.«

»Humor ist, wenn man trotzdem lacht« – dieses Sprichwort beschreibt gerade die alltägliche Situation von Eltern recht gut.

Wenn Sie also in Zukunft etwas von Ihrem Beziehungskonto abbuchen müssen, so achten Sie darauf, dass Sie diese Abbuchung so gering wie möglich halten. Wenn Sie zum Beispiel streiten, dann streiten Sie so, dass Sie den anderen nicht bewusst verletzen oder gar als Person in Frage stellen.

GLEICHGÜLTIG NEBENEINANDERHER: WIE SIE DIE SCHLEICHENDE GEFAHR RECHTZEITIG ERKENNEN

Es kann wochenlang gut gehen, wenn Sie sich morgens immer nur eine Viertelstunde zum Frühstück sehen und einander abends im Vorbeigehen »Gute Nacht« sagen. Aber irgendwann muss einer von beiden »Stopp« sagen.

Erfahrungsgemäß sind es eher die Frauen, die mehr Zeit füreinander einfordern. Frauen nehmen im Allgemeinen Schwankungen in der Beziehung schneller und deutlicher wahr als Männer und zeigen mehr Einsatz, um alles wieder ins Lot zu bringen.

»Jetzt sind wir mal dran!« sagt vielleicht die Frau und schlägt ihrem Mann einen gemeinsamen Besuch im Schwimmbad vor. Der sollte dieses Signal ernst nehmen, selbst wenn er im Augenblick jeden Abend einen geschäftlichen Termin im Kalender stehen hat. Sätze wie: »Das würde ich auch gern, aber leider geht es erst in der nächsten Woche …« signalisieren ihr, dass auch ihm ein Partnerschaftsabend wichtig ist. Wenn es dann allerdings in der nächsten und auch in der übernächsten Woche wieder nicht klappt, kann man als Paar damit schnell in einen Teufelskreis aus Enttäuschung, Rückzug und Resignation geraten.

GEMEINSAM ZEITPLÄNE SCHMIEDEN – UND DIESE AUCH EINHALTEN

Planen Sie gemeinsam Ihren Alltag – nur so können Sie wirklich Zeit gewinnen. Reservieren Sie sich einen Partnerschaftsabend (ab Seite 96), um gemeinsam langfristige Termine, Ziele und Aufgaben zu definieren – und planen Sie in mehreren Zeitebenen: Machen Sie gemeinsam einen Jahres- oder Halbjahresplan. Ideal sind dafür große Kalender, die man für alle sichtbar an die Tür hängen kann (siehe auch Tipp im Kasten Seite 90).

Tragen Sie in den Kalender bevorstehende Ereignisse ein, selbst wenn die genauen Termine noch nicht immer feststehen. So wissen Sie viel-

Zeit ist kostbar – vor allem die schönen Stunden, die Sie als Familie miteinander verbringen.

leicht jetzt schon, dass Ihre Tochter im Spätsommer in den Kindergarten kommt, während der Sohn fast zeitgleich Einschulung hat. Außerdem könnten Sie eventuell schon den Familienurlaub, große Familienfeste, die Dienstreise des Mannes und ähnliche wichtige Ereignisse einplanen.

GEMEINSAM DEN ALLTAG IM AUGE BEHALTEN

Neben langfristigen Plänen ist es im Alltag wichtig, die aktuellen Aufgaben gut zu koordinieren. Monatspläne sind mittelfristige Pläne: Am Anfang eines jeden Monats tragen Sie Termine ein, die jetzt schon feststehen, zum Beispiel Freizeitkurse, Einladungen, Kindergeburtstage oder Fortbildungen.

Liebe braucht Zeit und ungestörte Räume.

Wochenpläne schließlich beinhalten kurzfristige Planungen. Vielleicht schauen Sie sich immer schon am Sonntagabend die nächste Woche gemeinsam an: Was ist in der kommenden Woche wichtig? Wenn Sie sich gegenseitig die Termine ins Bewusstsein bringen, können Sie unter Umständen Fehlplanungen und Stress vermeiden. Die Große hat am Dienstag einen Arzttermin? Wer geht mit ihr hin – und wer passt in der Zwischenzeit auf die Kleinen auf? Am Mittwoch ist Elternabend? Gleichzeitig hat der Vater seinen Vereinsstammtisch. Wie lösen wir gemeinsam dieses Problem?

Die kürzesten Planungseinheiten sind die Tagespläne. Das sind letztendlich meist nochmalige kurzfristige Ab- und Rücksprachen am Frühstückstisch: »Denkst du daran, dass der Wagen gleich in die Werkstatt muss? …«

EIN TEST: WIE GROSS IST DAS STÜCK KUCHEN?

Vielleicht haben Sie das Gefühl, dass Ihre Partnerschaft neben den anderen Aufgaben deutlich zu kurz kommt? Dann kann Ihnen der folgende Test helfen, zu einer besseren Zeitbalance zu finden.

SO WIRD'S GEMACHT

Zeichnen Sie einen Kreis auf ein Blatt Papier. Markieren Sie einen Mittelpunkt. Überlegen Sie, wie viel Zeit und Energie Sie für die folgenden acht Bereiche Ihres Lebens ungefähr aufwenden: Beruf, Haushalt, Kindererziehung, Freizeit (als Familie), Freunde, Sonstiges (zum Beispiel Anschaffungen, Finanzplanung, Organisation), Zeit allein, Partnerschaft (Stunden zu zweit, Unternehmungen als Paar).

Nun teilen Sie den Kreis – wie einen Kuchen – von der Mitte aus in acht Stücke. Je nachdem, wie viel Zeit und Energie Sie tatsächlich in Ihrem Leben für die einzelnen Bereiche aufwenden, fallen die Stücke Ihres Kuchens unterschiedlich groß oder klein aus. Schreiben Sie in jedes Kuchenstück den dazugehörenden Begriff (Beruf, Haushalt, Kindererziehung …). Heben Sie das Stück für die Partnerschaft besonders deutlich hervor! Übrigens ist es auch interessant, wenn beide Partner diesen Test unabhängig voneinander machen und dann ihre Ergebnisse vergleichen.

»Die Zeit und das Wasser verändern alles.«
(Leonardo da Vinci)

AUSWERTUNG

Schauen Sie sich nun den »Kuchen« an: Welche Bereiche sind besonders groß – und welche auffallend klein? Entspricht diese Aufteilung Ihren Wünschen und Bedürfnissen? Wenn die Diskrepanz zwischen Wunsch und Wirklichkeit sehr groß ist, dann sollten Sie den Problemen weiter auf den Grund gehen. Stellen Sie sich Schlüsselfragen zu den einzelnen Bereichen, zum Beispiel: Warum ist bei mir der Beruf so dominant? Warum der Haushalt so übermächtig? Warum nimmt die Zeit für mich allein so viel mehr Raum ein als die Stunden, die ich der Partnerschaft widme?

Oft verbergen sich hinter der Zeiteinteilung tiefere Probleme und Konflikte. So macht der Mann vielleicht freiwillig Überstunden im Job, weil er es zu Hause nicht mehr aushält. Die Frau geht dreimal wöchentlich ins Fitnesscenter, um der Ehe zu entfliehen. In diesen Fällen kann es nur helfen, die Ursachen anzuschauen. Zudem sollten Sie über Ihr persönliches Zeitmanagement nachdenken.

IM ALLTAG MITEINANDER
IM GESPRÄCH BLEIBEN

EINE BEZIEHUNG IST SO GUT WIE DIE KOMMUNIKATION IN IHR.
DESHALB BRAUCHEN SIE PAAR-GESPRÄCHE: DABEI KÖNNEN SIE
EINANDER GEDANKEN UND GEFÜHLE MITTEILEN UND BEDÜRF-
NISSE ABSTIMMEN. LERNEN SIE DIE WICHTIGSTEN REGELN FÜR
GUTE GESPRÄCHE – SO GEWINNEN SIE MEHR SICHERHEIT IM UM-
GANG MITEINANDER UND STÄRKEN IHRE PARTNERSCHAFT.

Haben Sie das Gefühl, dass die Kommunikation zwischen Ihnen und Ihrem Partner nicht mehr stimmt? Sprechen Sie es an.

BLICKE, GESTEN, WORTE – ALLES SPRICHT MIT

Der bekannte Psychotherapeut und Kommunikationsforscher Paul Watzlawick hat immer wieder darauf hingewiesen, dass jedes Verhalten im menschlichen Leben Mitteilungscharakter hat. Das heißt: Kommunikation findet unablässig statt. Die Ehefrau, die schweigend aus dem Fenster blickt, oder der Ehemann, der Kreuzworträtsel löst, senden eine – in diesem Fall wortlose – Botschaft aus. Diese wird vom anderen teils bewusst, teils unbewusst interpretiert. So kann das Verhalten der Ehefrau bedeuten: Ich schaue mir die Natur vor dem Fenster draußen an. Es könnte aber auch sagen: Ich kann mit dir nicht reden und fühle mich deshalb einsam. Auch das Verhalten des Ehemannes kann unterschiedlich interpretiert werden: Beschäftigt er sich – ganz ohne Hintergedanken – mit etwas? Oder entzieht er sich dem Gespräch oder Auseinandersetzungen?

BOTSCHAFTEN ENTSCHLÜSSELN UND ÜBERSETZEN

Nach Watzlawick hat jede Kommunikation zwei Ebenen. Sagt etwa der Mann: »Guten Morgen, mein Schatz!«, so kann dies auf der Inhaltsebene als positive Begrüßung gedeutet werden. Das Wort »Schatz« steht ja im allgemeinen Sprachgebrauch für etwas besonders Wertvolles. Nun findet die Kommunikation aber gleichzeitig auch auf der Beziehungsebene statt. Dabei spielen Gesichtsausdruck, Körperhaltung, Gesten, Tonfall und andere feine Schwingungen eine Rolle – so genannte Meta-Mitteilungen –, die das Gegenüber mit allen Sinnen wahrnimmt.

Wirkt das Gesicht des Mannes bei dem Wort »Schatz« wie versteinert, sieht er an seiner Frau vorbei, so bekommt sein Satz eine ganz andere Bedeutung. Die Ehefrau interpretiert vielleicht hinein: »Er meint es nicht ehrlich. Bestimmt hat er ein schlechtes Gewissen, weil er gestern Abend so spät nach Hause gekommen ist.«

Ob ihre Deutung aber zutreffend ist, kann natürlich niemand ohne weiteres sagen. Fehldeutungen sind vorprogrammiert. Wie ein Satz ankommt, hängt immer auch von dem ab, der ihn hört – und von der Beziehung zwischen Sprecher und Zuhörer.

FRAUEN REDEN SO – MÄNNER GANZ ANDERS

Eine emnid-Umfrage von 1998 ergab, dass sich 47 Prozent der Befragten mehr Gespräche mit dem Partner wünschten (mehr Sex wollten dagegen nur 8 Prozent der Befragten). Allerdings zeigte die Umfrage auch Unterschiede zwischen den Geschlechtern. So war der Wunsch nach mehr Gesprächen bei den Frauen stärker (57 Prozent) als bei den Männern (37 Prozent). Doch trotz der Unterschiede ist das Bedürfnis zu reden bei beiden Geschlechtern deutlich vorhanden.

Der Wunsch nach mehr Gesprächen ist bei beiden Geschlechtern vorhanden.

DAS ALLTÄGLICHE MISSVERSTÄNDNIS

Vielleicht kennen Sie auch Situationen wie die folgende: Marion wartet abends schon auf Dirk. Der gemeinsame Sohn Max (8 Jahre) hat wieder eine Fünf in Mathe geschrieben. »Wie soll das nur weitergehen«, klagt Marion. »Die Hausaufgaben macht er auch nie selbstständig. Ich bin mit den Nerven am Ende.« Marion möchte Trost von Dirk, ein liebevolles: »Ja, das verstehe ich.« Doch er sucht gleich nach einer Lösung des Problems: »Dann muss er eben Nachhilfe bekommen.« Marion klagt weiter, aber Dirk ist der Meinung, dass alles gesagt ist. Marion findet, dass Dirk kein Verständnis hat. Er meint, dass sie aus jedem Funken einen Flächenbrand macht.

Natürlich wird es nicht immer so deutlich wie in diesem Beispiel. Sicher können auch Männer trösten und Verständnis zeigen – und Frauen ist das Fakten-Denken keineswegs fremd. Dennoch gibt es im Zusammenleben viele Missverständnisse aufgrund unterschiedlicher Kommunikationsstrukturen, und manche Trennung hat in ebendiesem Problem ihre eigentlichen Wurzeln.

Es ist gar nicht so schlimm, Probleme zu haben. Die Kunst ist nur, sie rechtzeitig zu erkennen.

Gute Gespräche schaffen Nähe und festigen die Paarbeziehung. Doch was heißt gut? Wenn Frauen und Männer miteinander sprechen, dann klingt das manchmal so, als käme er vom Mars und sie von der Venus. Manchmal hat man fast das Gefühl, einen Dolmetscher zu Hilfe holen zu müssen. Woran liegt das? Die Sprachforscherin Deborah Tannen hat es auf den Punkt gebracht: Frauen wollen sich in Gesprächen oft nur aussprechen und brauchen Trost. Sie kommunizieren stärker auf der Beziehungsebene als Männer. Sie suchen im Gespräch vor allem den Kontakt, möchten Nähe und Verbundenheit spüren. So erklärt sich, warum Frauen oft Probleme noch hin und her wälzen, wenn bereits alle wichtigen Fakten genannt worden sind: Manchmal ist ihnen das Gespräch wichtiger als die Lösung.

Männer interessieren in Gesprächen vor allem Fakten – sie suchen nach schnellen Problemlösungen. Für sie sind Gespräche weniger ein Mittel der Verbundenheit und Intimität als ein Mittel, ihre Unabhängigkeit zu unterstreichen. Männer fragen sich gleich am Anfang des Gesprächs: Was kann ich unternehmen? Wie löse ich das Problem? Sie wollen Kompetenz zeigen, die Oberhand gewinnen.

EINANDER VERSTEHEN – WIE KANN ES KLAPPEN?

- Auch wenn Ihr Mann es nicht immer nachvollziehen kann: Zeigen Sie als Frau ruhig Ihre Emotionen. Geben Sie Ihrem Partner zu verstehen, dass sie das hin und wieder brauchen. Danach können Sie beide das Problem gemeinsam sachlich betrachten und lösen.
- Als Mann versuchen Sie, Ihrer Partnerin den Trost und das Verständnis zu geben, das sie braucht: »Ich verstehe, dass es dich nervt, wenn Max schon wieder eine Fünf in Mathe geschrieben hat.« Danach können Sie Lösungsvorschläge machen.
- Lasten Sie Schwierigkeiten mit der Kommunikation nicht gleich dem anderen an. Wenn Sie erst einmal begreifen, dass Frauen und Männer nun einmal ganz unterschiedliche Sprachstile haben, können Sie vieles gelassener sehen – und versuchen, sich gegenseitig Brücken zu bauen.

Der Psychoanalytiker Michael Lukas Moeller macht die Sprachlosigkeit bei Paaren verantwortlich für das weltweite Beziehungssterben. So bringt ein verheiratetes Paar in den USA täglich nur noch vier Minuten für ein gemeinsames Gespräch auf. In Deutschland dürfte es in vielen Partnerschaften nicht sehr viel anders sein. Wenn Kinder da sind, finden Gespräche zwischen den Eltern oft ohnehin ein jähes Ende: Drei Sätze im Vorübergehen, und schon steht der Nachwuchs wieder im Mittelpunkt, weil er gerade das Glas mit Apfelsaft umgeworfen oder das Geschwisterchen mit Bausteinen beworfen hat.

Die unterschiedlichen Sprachstile von Frau und Mann erschweren die Kommunikation im Alltag.

Wenn ein Paar aber zu wenig miteinander redet, so kommt es zu unausgesprochenen Bedürfnissen. Diese können nicht wahrgenommen – und daher auch nicht befriedigt werden. Interessant ist auch die Auswirkung von Paar-Gesprächen auf Erotik und Sexualität. Wird zu wenig gesprochen, werden Bedürfnisse nicht ausreichend abgestimmt, flauen erotische Gefühle ab. Wenn Frau und Mann zu wenig miteinander sprechen, geraten sie mit der Zeit in zwei ineinander verflochtene Teufelskreise:

1. Teufelskreis: Zu wenig miteinander reden – zu geringe Abstimmung der Bedürfnisse – Enttäuschung – Missstimmung – noch weniger miteinander reden …

2. Teufelskreis: Zu geringe Abstimmung der Bedürfnisse – Abflauen erotischer Gefühle füreinander – noch mehr Enttäuschung – stärkere Gereiztheit – noch weniger miteinander reden – entsprechend weniger Abstimmung – weiteres Abflauen der Lust …

DIE LÖSUNG: KONSTRUKTIVE ZWIEGESPRÄCHE

Michael Lukas Moeller bezeichnet diese wichtigen Paar-Gespräche als »Zwiegespräche«. Beide Partner sollen sich in gleichem Maße daran beteiligen. Es geht dabei nicht um zermürbende Debatten, die oft nur aus gegenseitigen Vorwürfen bestehen. Es geht auch nicht um die vielen kleinen Gespräche, die der Alltagsorganisation dienen. Auch wenn Eltern lange darüber lamentieren können, dass der Sohn neue Fußballschuhe braucht und das Familienauto zu klein geworden ist: Über ihr Gefühlsleben schweigen sie sich meist aus. Bei Zwiegesprächen geht es aber gerade darum, Gefühle auszudrücken. Jeder bleibt bei sich, entwickelt sich selbst – und hilft dem anderen, sich ebenfalls zu entwickeln. Michael Lukas Moeller schlägt ein wöchentliches Zwiegespräch vor, am besten an einem festgelegten Abend.

DIE GESPRÄCHSREGELN KENNEN LERNEN

In den meisten Alltagsgesprächen beschäftigen sich Menschen mehr mit dem Gesprächspartner als mit sich selbst. Und gerade das ist der entscheidende Fehler. Wer sich mehr den Kopf des anderen zerbricht, als den eigenen, der neigt dazu, den anderen für alles verantwortlich zu machen. Viele dieser Gespräche haben nur noch das Ziel, den anderen anzugreifen, zu bevormunden, zu erziehen, vielleicht auch zu kränken. Gerade hier setzen Zwiegespräche an. Bei einem solchen Gespräch gelten die folgenden drei Regeln:

Wer in Gesprächen über sich selbst spricht, hilft auch dem anderen.

- Ich spreche über mich, etwa darüber, was mich in den letzten Tagen besonders bewegt hat (»Ich habe mich über die Kinder geärgert …«).

RENDEZVOUS EINES PAARES

Tragen Sie das wöchentliche Zwiegespräch in Ihren Familien-Kalender ein (siehe auch Kasten Seite 90)! Welcher Abend wäre besonders günstig? Finden Sie einen persönlichen Namen für Ihr Zwiegespräch: »Paar-Time«, »Kult-Abend«, »Quatsch-Ecke« oder Ähnliches. Wählen Sie eine Uhrzeit, zu der die Kinder schon im Bett sind und Störungen durch Telefon oder Besuch möglichst ausbleiben. Und sorgen Sie für eine entspannte Atmosphäre: gemütliches Licht, bequeme Sitzgelegenheiten, Blumen, Kerzen – alles, was Ihnen beiden gefällt.

■ Ich bleibe bei mir, vermeide es, den anderen zu bevormunden oder anzugreifen, und verzichte auf Schuldzuweisungen (»Ich fühle mich verletzt, gekränkt …«).

■ Ich »bohre« nicht nach: Jeder entscheidet selbst, was und wie viel er erzählen möchte.

Denken Sie in Zwiegesprächen mit dem Partner möglichst oft an diese drei Punkte. So vermeiden Sie es, wieder in alte Gesprächsgewohnheiten abzudriften! Wichtig ist außerdem, dass das Zwiegespräch regelmäßig und ungestört stattfindet. Und gerade das ist ja im Alltag mit Kindern der besondere Knackpunkt.

NUR GRAUE THEORIE? – DAMIT GESPRÄCHE GELINGEN

Vielleicht sagen Sie sich jetzt: »Schön und gut, aber das klingt alles so anstrengend. Wann sollen wir das noch machen?« Oder Sie fragen sich, wie Sie Ihren Partner an den Gesprächstisch kriegen. Gehen Sie in diesem Fall den Weg der kleinen Schritte: Regen Sie zunächst erst einmal ein »Test-Gespräch« an. Vielleicht gibt es eine Situation, die Sie beide als besonders entspannt erleben, zum Beispiel nach einem gemeinsamen Abendessen oder beim gemütlichen Kaffee. Schauen Sie, wie Sie selbst mit Zwiegesprächen klarkommen und wie Ihr Partner darauf reagiert.

Bringen Sie ruhig auch zum Ausdruck, wie gut Ihnen ein solches Gespräch tut und welche positiven Folgen es haben könnte. Sagen Sie

Guten Gesprächen wohnt ein ganz eigener Zauber inne. Das spüren beide.

auch, dass Sie gern öfter solche Gespräche hätten. Fragen Sie, wann Sie das Gespräch fortsetzen könnten. Und vergessen Sie dabei nicht: Wenn Sie sich wohl fühlen und das auch sagen, so bleibt das in der Regel nicht ohne Wirkung auf Ihren Partner.

Wenn Ihr Partner trotz all Ihrer Bemühungen kein Interesse zeigt: Sprechen Sie deutlich darüber, welche Folgen es haben kann, wenn Paare zu wenig miteinander reden. Mancher muss geradezu auf das Problem gestoßen werden. Konsequenzen aufzeigen heißt aber nicht, zu drohen, etwa: »Wenn du nicht mit mir redest, kann ich ja gleich die Scheidung einreichen.«

WORÜBER PAARE STREITEN ...

Nicht die beständige Harmonie ist das Geheimnis einer guten Beziehung, sondern die Fähigkeit, mit Konflikten umzugehen. Bei manchen Paaren »fliegen öfters die Fetzen«, und trotzdem sind beide der Meinung, eine gute Beziehung zu führen. Ein konstruktiver Streit

»Ein Streit beginnt oft damit, dass man sich etwas vorwirft, und endet damit, dass man sich etwas nachwirft.«
(Robert Lembke, deutscher Journalist)

kann Probleme klären – und anschließend kann man wieder aufeinander zugehen. Streit kann also mehr Nähe schaffen als gespielte Harmonie, die nur Distanz, Desinteresse und Kälte verdecken soll. Allerdings vermeiden viele Paare Streit, weil sie fürchten, dabei ihre Beziehung aufs Spiel zu setzen. Sie schleichen wie Katzen um den heißen Brei, statt die Dinge einfach mal beim Namen zu nennen.

BESONDERS »BELIEBTE« STREITTHEMEN

Themen, die besonders oft auf den Tisch kommen, sind Kindererziehung, Arbeitsteilung im Haushalt, mangelnde Liebe und Aufmerksamkeit, Behinderung der persönlichen Entwicklung durch den anderen, Eifersucht, Seitensprung, Sexualität, Geld und unterschiedliche Vorstellungen von Freizeitgestaltung.

Auch die Kritik am anderen ist bei vielen Paaren ein Dauerstreitthema. Kritik erschüttert das Selbstwertgefühl, denn sie ruft Erinnerungen an die eigene Kindheit wach, als man recht hilflos dem Urteil der Eltern ausgesetzt war. So kann schon die Frage des Ehemannes: »Hast du das Licht ausgemacht?« als Angriff verstanden werden, wenn Kontrolle, Bevormundung und Kritik die eigene Erziehung damals bestimmten. Da die meisten Menschen im Laufe ihres Lebens mehr Kritik als Bestätigung erfahren haben, können Kränkungen der Vergangenheit bis in die gegenwärtige Paarbeziehung nachwirken.

Ein guter Streit endet mit der Einigung.
Nicht mit dem Sieg.

EIN TEST FÜR »STREITHÄHNE«

In diesem Test erfahren Sie, wie es um Ihr Streitverhalten steht. Wenn Sie das erkannt haben, können Sie bewusst konstruktive Formen der Auseinandersetzung lernen (siehe ab Seite 100). Und ein solches Streiten wirkt sich positiv auf Ihre ganze Beziehung aus.

Stellen Sie sich eine oder mehrere typische Streitsituationen der letzten Zeit vor: Ging es bei den Konflikten vor allem um die Kindererziehung, die Aufgaben im Haushalt oder den Beruf? Vielleicht auch um Geld, die Beziehung zu Verwandten, Freizeit, Liebe und Sexualität oder ein anderes Thema aus dem gemeinsamen Alltag?

NUN GEHT ES LOS: »UNSERE STREITPYRAMIDE«

Malen Sie auf ein Blatt Papier eine Pyramide mit Querlinien. Tragen Sie dann Ihre Streitthemen in der folgenden Reihenfolge ein: Oben in der Spitze soll das Thema stehen, das zwar immer wieder auftaucht,

das aber eher ein »kleineres Übel« ist. Von oben nach unten sollen dann die Themen an Bedeutung zunehmen. Ganz unten, am Fuße der Pyramide, steht das Thema, das Sie als schwerwiegend, vielleicht sogar als grundlegend ansehen.

Nicht nur die Streitthemen sind wichtig, sondern auch die Frage, welches »Muster« bei Ihren Auseinandersetzungen sichtbar wird. Schreiben Sie doch mal in Stichworten auf, wie Sie und Ihr Partner vorwiegend streiten. Notieren Sie auf einem leeren Blatt: »Ich« und »Du«. Schreiben Sie hinter das »Ich« Ihre eigenen Verhaltensweisen (vielleicht: »Ich nörgele herum, mache Vorwürfe …«) und hinter das »Du« Verhaltensweisen des Partners (etwa: »Du schweigst«). Wenn Sie Ihre Notizen danach auch Ihrem Partner zeigen, werden Sie bestimmt einige sehr interessante Einblicke gewinnen.

AUSWERTUNG

Welche Themen tauchen beim Streiten auffallend häufig auf (siehe Seite 99)? Hinter diesen verbergen sich oft tiefere Konflikte. Wenn Sie zum Beispiel immer wieder über Geld streiten, dann geht es meist um viel mehr: Es geht um Abhängigkeit und Freiheit, Macht, Anerkennung, Leistung und Liebe. Beim Streit um Kindererziehung spielt vielleicht Konkurrenz zwischen den Eltern mit. Bei Eifersuchtsszenen geht es oft darum, dass ein Vorfall aus der Vergangenheit – zum Beispiel ein Seitensprung – noch nicht wirklich verarbeitet ist. Sie sollten diese Themen bei einem der nächsten Zwiegespräche (siehe Seite 96) auf den Tisch bringen.

Lesen Sie nun noch einmal Ihre Notizen zum Test: Wie streiten Sie? Im Kasten auf der rechten Seite erfahren Sie, wie Sie sich konstruktiv auseinander setzen. Natürlich wird niemand diese Regeln immer exakt befolgen können. Dazu schwingen in Liebesdingen viel zu viele Gefühle mit. Allerdings können Sie so lernen, mehr über Ihre eigenen Empfindungen zu sprechen, statt vor allem den anderen »anzuklagen«. Und Sie können auch lernen, aufmerksam zuzuhören.

LERNEN SIE, BESSER ZU STREITEN

Richtiges Reden und Streiten ist keinem Menschen in die Wiege gelegt. Die meisten von uns sind sogar regelrechte Analphabeten, was ihre Streitkultur anbelangt. Sie schlagen – verbal – wild um sich, klagen an, drohen, verletzen, beleidigen – und zerstören dabei oft inner-

»Etwas, worüber man nicht redet, ist gar nicht geschehen. Nur das Wort gibt den Dingen Realität.«
(Oscar Wilde)

halb weniger Sekunden sehr viel. Das Kitten und Reparieren braucht dann meist sehr lange Zeit.

Kurt Hahlweg, Professor für Psychologie, entwickelte mit seinen Kollegen »Ein partnerschaftliches Lernprogramm« (Abkürzung EPL) nach dem Vorbild des Amerikaners Howard Markman. Dieses Programm enthält einfache Regeln für das Sprechen und Zuhören. Und siehe da: Paare, die an einem solchen Training teilnahmen, verbesserten ihre Kommunikation in der Beziehung und hatten – im Vergleich zu nicht EPL-geschulten Paaren – eine niedrigere Scheidungsrate (Adressen für EPL-Kurse finden Sie im Anhang, Seite 156).

Hahlweg wies nach: In glücklichen Beziehungen schaffen es die Partner nach einem Streit, schnell wieder zu konstruktiven Äußerungen

»Der Ton macht die Musik.«

(Volksweisheit)

REGELN FÜRS SPRECHEN UND ZUHÖREN

Sprechen

➤ Offenheit: Sagen Sie, was Sie bewegt – ohne Schuldzuweisungen.

➤ Ich-Botschaften: Sprechen Sie von sich: »Ich denke, fühle ...«

➤ Konkret bleiben: Nennen Sie Beispiele, vermeiden Sie Verallgemeinerungen wie »Immer bist du schlecht gelaunt« oder: »Nie hilfst du in der Küche«

➤ Einzelnes Verhalten ansprechen (nicht: »Du bist ein schlechter Vater«, sondern: »Gestern hast du die Kinder nicht ins Bett gebracht. Ich hatte das Gefühl, dass ...«).

➤ Konzentriert beim Thema bleiben, den roten Faden behalten, nicht in der Vergangenheit kramen.

Zuhören

➤ Interesse zeigen (aufmerksam sein, Blickkontakt).

➤ Aussagen zusammenfassen (»Du meinst also, dass ...«).

➤ Stellen Sie allenfalls Verständnisfragen (»Wie meinst du das ...?« Vermeiden Sie es, den anderen durch zu viele Fragen in eine bestimmte Richtung zu drängen).

➤ Geben Sie positive Rückmeldungen (»Gut, dass du das Thema angesprochen hast«).

➤ Sprechen Sie über Ihre Empfindungen (Wie kommen die Äußerungen des anderen bei mir an? Vermeiden Sie Bewertungen).

Kinder sollten in ihrer Familie miterleben, dass jedem
Streit eine Versöhnung folgt.
Auch dafür ist es wichtig,
dass Eltern lernen, sich
konstruktiv zu streiten.

zurückzufinden, zum Beispiel durch gutes Zuhören, gemeinsame Problemlösungen und Versöhnung. Paare mit weniger guten Beziehungen brauchen dafür deutlich länger Zeit. Und in zerrütteten Beziehungen findet man schließlich gar nicht mehr aus der Streitspirale aus ständigen Vorwürfen, immer gleichen Streitmustern und fehlenden konstruktiven Lösungen heraus.

STREIT VOR DEN KINDERN?

Kinder sollen ruhig mitbekommen, dass Eltern oft unterschiedlicher Meinung sind, dass sie sich mal wütend, enttäuscht, ungeduldig geben und im wahrsten Sinne aus der Haut fahren können. Allerdings sollten Sie als Paar aufpassen, wo die Grenzen liegen: Kinder fühlen sich gerade bei heftigen Auseinandersetzungen hilflos, ja sogar bedroht. Sie fragen sich: Was könnte gleich passieren? Läuft Mama oder Papa weg, und ich bleibe allein zurück?

Diskussionen zwischen Tür und Angel lassen sich zwar nicht immer vermeiden – sie sind aber meist wenig effektiv. Um einen eskalierenden Streit – auch vor den Kindern – zu entschärfen, sagen Sie einfach »Stopp«. Danach geben Sie dem anderen möglichst ruhig zu verstehen, wann Sie weiter über das Thema reden könnten, zum Beispiel am selben Abend oder beim nächsten Zwiegespräch.

Kinder sollten übrigens, wenn sie einen Streit zwischen den Eltern mitbekommen haben, unbedingt auch Zeugen der Versöhnung werden. Feiern Sie die Versöhnung ruhig mit einem kleinen Ritual – mit einer Umarmung, einem gemeinsamen Essen oder einem schönen Strauß Blumen.

Das Kriegsbeil ist dann begraben, wenn man nicht mehr weiß, wo es liegt.

DAS KRIEGSBEIL BEGRABEN

Wenn Sie merken, dass Sie ein bestimmtes Thema immer wieder »aufwärmen«, obwohl alles schon besprochen ist, so kann ein Ritual helfen: Schreiben Sie alle Aspekte des Konfliktes auf einen Zettel – und zwar jeder aus seiner Sicht. Lesen Sie sich Ihre Notizen gegenseitig vor und zerreißen Sie die Zettel danach. Das Zerreißen steht symbolisch dafür, dass Sie sich entschieden haben, das Thema so weit wie möglich abzuschließen und den Streit zu »begraben«.

INSELN FÜR DIE ZWEISAMKEIT

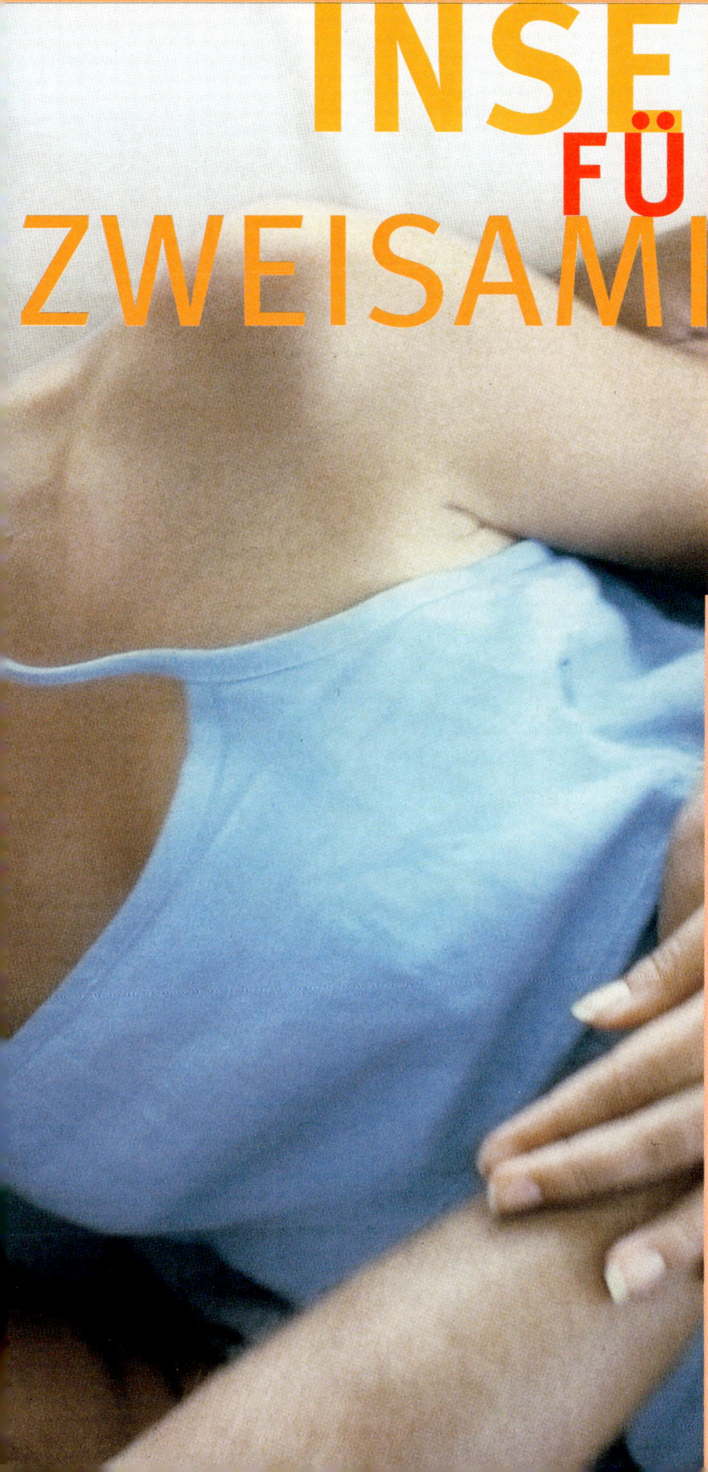

Der gemeinsame Familien-
alltag erfordert viel
Kraft. Die sollten Sie
immer wieder auftanken:
Deshalb pflegen Sie Ihre
Rituale und kostbare
Stunden zu zweit. Und
entdecken Sie die Kunst
der *Erotik* und die
körperliche Liebe
immer wieder neu mit-
einander.

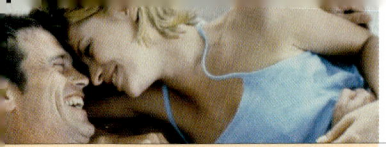

UNSER HAUS –
ALS FAMILIE UND ALS PAAR

BETRITT MAN EIN HAUS ODER EINE WOHNUNG, BEKOMMT MAN
SCHNELL EINEN EINDRUCK VON DEN MENSCHEN, DIE DARIN WOH-
NEN. WENN KINDER GEBOREN WERDEN, LEBT HIER NICHT MEHR
NUR EIN PAAR, SONDERN EINE GANZE FAMILIE, GEBEN SIE ABER
WEITERHIN AUCH DER ZWEISAMKEIT SICHTBAR RAUM IN IHRER
WOHNUNG: SCHAFFEN SIE BEREICHE, DIE VERBUNDENHEIT UND
INTIMITÄT SYMBOLISIEREN.

STILLE OASEN DER PARTNERSCHAFT

Wer das Haus einer jungen Familie betritt, den empfangen oft schon
im Eingangsbereich Bausteine, Stofftiere und andere Spielzeuge. Bei
größeren Kindern fährt vielleicht die Modelleisenbahn mitten durchs
Wohnzimmer. Von den Wänden strahlen Kinderfotos und die ersten
handgemalten Kunstwerke des Nachwuchses.

Spielzeuge und Kinderbilder machen das Leben bunt. Außerdem ist
es mit kleinen Kindern nicht zu vermeiden, dass Spielsachen im Haus
verstreut sind. Mit den Jahren sollten Kinder jedoch lernen, dass
jedes Familienmitglied seinen eigenen Bereich braucht. Schon durch
die Gestaltung des Hauses können Sie zeigen, dass Ihre Paarbeziehung ein schützenswerter Raum ist: Neben dem Schlafzimmer gibt
es vielleicht eine gemeinsame Leseecke oder ein Kuschelsofa
irgendwo im Haus. Weitere Anregungen bekommen Sie auf den folgenden Seiten.

*Partnerschaft braucht
geschützte Rituale für die
Zweisamkeit.*

NISCHEN, FREIRÄUME UND INTIME PLÄTZE:
GEBEN SIE IHRER LIEBE GANZ BEWUSST RAUM

Jeder Gegenstand hat seine individuelle Schwingung, die etwas aus-
sagt, auf den Betrachter wirkt, Raumklima und Wohlbefinden der
Menschen beeinflusst. Sicher gibt es Bilder und Gegenstände, die für
Sie die angenehmen Seiten Ihrer Partnerschaft symbolisieren. Vielleicht erinnert ein Stein oder eine Muschel, die Sie im letzten Urlaub
gefunden haben, an die gemeinsame Zeit am Meer.

Wenn Sie noch ein Urlaubsfoto von sich als Paar dazu stellen und daneben vielleicht noch eine Vase mit frischen Blumen, kann dieser Platz wie eine Oase wirken, die Ihnen Energie schenkt: Bei jedem Kontakt mit diesen Dingen wird sich Ihr Unbewusstes an deren Bedeutung erinnern. Stellen Sie die Gegenstände an einen Platz im Raum, den Sie als geschützte Zone empfinden, zum Beispiel in ein bestimmtes Fach im Bücherregal oder auf eine Anrichte.

LIEBESNEST UND RÜCKZUGSORT: DAS ELTERNSCHLAFZIMMER

Besonders gut geeignet für Arrangements aus Partnerschaftssymbolen ist Ihr Schlafzimmer. Sehr wirkungsvoll sind paarweise angeordnete Gegenstände, etwa zwei Muscheln, zwei Blumen, zwei Tiere oder die Darstellung eines zärtlichen Paares.

Nach der Lehre des Feng Shui, der asiatischen Kunst der Wohnraumgestaltung, gilt die Darstellung eines Delphin-Paares als ideales Partnersymbol. Es soll Kommunikation, Offenheit und liebevolles Verhalten fördern (Literaturempfehlungen ab Seite 154).

SCHLAFEN: GEMEINSAM ODER GETRENNT?

Das klassische Elternschlafzimmer – oder lieber Raum für jeden einzeln? Diese Frage wird bei den wenigsten Paaren zu Beginn ihrer Part-

Ihr Haus sollte – tatsächlich und im übertragenen Sinne – ein Zuhause für alle Familienmitglieder sein.

nerschaft oder Ehe offen diskutiert. In der ersten Zeit der Verliebtheit möchten die meisten Paare ja gerade die ständige Nähe – an Trennung mag man meist nicht einmal denken.

Dabei haben zwei separate Schlafräume durchaus auch Vorteile: Beide Partner haben die Möglichkeit, sich auch mal problemlos zurückzuziehen. Und: Der räumliche Abstand fördert eine gewisse Distanz, die Sehnsucht und Begehren unterstützen kann. Wenn Sie sich für getrennte Schlafzimmer entscheiden, so tun Sie das aber besser gleich am Anfang des Zusammenlebens. Später wird die räumliche Trennung nämlich – besonders wenn sie im Zusammenhang mit einem Konflikt entschieden wird – vom anderen oft als der »Anfang vom Ende« empfunden.

EIN INTIMER RAUM FÜR SIE UND IHN

Wenn ein Paar ein gemeinsames Schlafzimmer hat – und das ist bei den meisten der Fall –, dann sollte dieser Raum eine persönliche Schöpfung des Paares sein, das eigentliche Symbol der intimen Seite einer Partnerschaft. Intimität kann aber nur dort bestehen, wo dieser Raum weitgehend frei von Fremdeinflüssen ist.

Sobald Kinder geboren werden, wird das schwierig, zeitweise sogar unmöglich: Babys schreien nachts, wollen an Mutters Brust, brauchen Nähe und Trost. Ehe man sich's versieht, werden sie zu Dauergästen in elterlichen Betten, die mit zunehmendem Alter oft recht hartnäckig ihren Platz zu verteidigen wissen.

Es hat natürlich Vorteile, Kinder ins elterliche Bett zu holen: Babys können gestillt werden, ohne dass die Mutter aufstehen muss. Die Kleinen sind glücklich und zufrieden, wenn sie den Hautkontakt mit Vater und Mutter spüren, und auch das Elternpaar genießt zunächst die kuschelige Nähe zum Kind.

Kinder achten den Freiraum ihrer Eltern eher, wenn diese auch ihnen genügend Freiräume schenken.

DAS ELTERNSCHLAFZIMMER: TABU-ZONE ODER OFFEN FÜR ALLE?

Was bei jungen Familien mit der Zeit aber auf der Strecke bleiben kann, ist die spontane Zärtlichkeit und Sexualität der Eltern, die ja durch die Geburt eines Kindes ohnehin schon eingeschränkt ist. Natürlich können die Kinder hin und wieder Gäste im Elternschlafzimmer sein. Aber Gäste sind keine Mitbewohner. Nur: Wo und wie können Sie diese feine Grenze ziehen?

Tipps rund um die Schlafzimmer-Frage:

- Gegen nächtliche Ängste der Kinder hilft oft eine kleine Notbeleuchtung. Auch Kuscheltiere sind oft hilfreiche Schlafbegleiter. Ein Abendritual wie die Gute-Nacht-Geschichte oder Kuschelzeit mit Mama und Papa im Kinderzimmer können das Einschlafen ebenfalls erleichtern.

- Wenn Kinder Alpträume haben oder krank sind, brauchen sie zuweilen die körperliche Nähe der Eltern. In diesen Fällen sollten Sie sie ihnen auch geben.

- Wenn Ihre Kinder schon älter sind, können Sie mit einem »Bitte-nicht-stören-Schild« an der Schlafzimmertür Ihr Bedürfnis nach Intimität signalisieren – etwa um am Wochenende auszuschlafen oder gemeinsam Mittagsschlaf zu halten. Geben Sie Ihren Kindern auch solche Schilder für ihre Zimmertüren. Dann können sie ebenfalls signalisieren, wann sie sich zurückziehen möchten.

- Spielzeug und Kinderfotos sollten möglichst nicht im Schlafzimmer sein. Sie gehören ins Kinderzimmer oder in den Wohnbereich. Im Schlafzimmer erinnern sie zu sehr an die Elternrolle und können die ungehemmte Sexualität empfindlich stören.

Symbole geben der Partnerschaft neue Energie.

HEUTE SCHON GEKÜSST?
RITUALE FÜR DIE LIEBE

DER GUTE-NACHT-KUSS, GEMEINSAM ZU ABEND ESSEN, EINE
LIEBEVOLLE GESTE BEIM AUFWACHEN ... RITUALE GEBEN EINEM
PAAR ZUSAMMENHALT, AUCH NOCH IN KRISENZEITEN. SIE
MACHEN DIE BEZIEHUNG VERTRAUT UND SIND AUCH BEI STREIT
OFT EIN WEG ZUM ANDEREN. ENTDECKEN SIE, WELCHE RITUALE
SIE BEREITS KENNEN UND WIE SIE NEUE RITUALE IN IHR
GEMEINSAMES LEBEN BRINGEN KÖNNEN.

WIE EINE BRÜCKE ZUM ANDEREN ...

In den meisten Parterschaften entwickeln sich mit der Zeit vertraute
Handlungen, die zu einem bestimmten Zeitpunkt, Zweck oder an einem bestimmten Ort immer gleich oder ähnlich ablaufen: Be-
grüßungs- und Abschiedskuss, der gemeinsame Abendspaziergang
oder das abendliche Gespräch über den zurückliegenden Tag können
solche Rituale sein. Daneben gibt es auch Rituale an Wochenenden –
wie das Essen beim Italiener – oder zu besonderen Anlässen, etwa zu
Geburtstagen oder dem Jahrestag des Kennenlernens.
Doch leider bleiben mit der Zeit in vielen Familien die Paar-Rituale
zugunsten anderer auf der Strecke: Da rangiert oft die Gute-Nacht-
Geschichte für die Kinder oder das gemeinsame Sonntagsfrühstück
als Familien-Ritual vor den lieb gewordenen Gewohnheiten des El-
tern-Paares – und das Zwiegespräch am Freitagabend fällt aus, weil
die Kinder mit ihren Freunden im Wohnzimmer Karten spielen. Deshalb sollten Sie bewusst darauf achten, Ihre Rituale als Paar zu schützen. Wichtig ist dabei, dass Sie sich auch vor den Kindern gegenseitig unterstützen und Ihre Freiräume als Paar einfordern.

Bewahren Sie sich Ihre Iden-
tität als Paar, indem Sie
liebe Gewohnheiten und
gemeinsame Rituale pflegen.

STIMMEN FORM UND INHALT NOCH ÜBEREIN?

Rituale sagen viel über den Stand der Beziehung aus und darüber, wie
viele Gesten der Verbundenheit überhaupt zugelassen werden. Aber
nicht alle Paar-Rituale sind tatsächlich eine Bereicherung für die
Beziehung. Wenn der Ehemann seiner Frau jeden Samstag Blumen
mitbringt, wird das irgendwann zum Ritual. Ob dieses allerdings eine

SO SCHÜTZEN SIE IHRE RITUALE

➤ Erinnern Sie sich gegenseitig an Ihre Paar-Rituale (»Ich freu mich schon auf unser Paar-Gespräch heute abend!«).

➤ Zeigen Sie selbst durch Gesten, welche Rituale Ihnen wichtig sind. Statt zu sagen: »Du küsst mich gar nicht mehr zum Abschied!«, küssen Sie doch besser einfach selbst.

➤ Verteidigen Sie Ihre Paar-Rituale auch als Familie: Ganz kleine Kinder haben natürlich noch kein Verständnis für Mamas und Papas Bedürfnisse, aber Kinder werden älter und einsichtiger, und außerdem brauchen nicht alle Rituale Vorbereitung und Zeit. Ein Kuss, eine Berührung, ein Zettel auf dem Tisch sind nicht aufwendig, haben aber eine große Wirkung.

➤ Älteren Kindern können Sie sagen, dass Mama und Papa manches allein tun möchten. Sagen Sie deutlich »Nein«, wenn die Kinder das nicht akzeptieren wollen. Geben Sie Tipps, was sie inzwischen tun können: »Während ich mit Mama den Tag berede, könnt ihr doch schon mal den Tisch decken (etwas bauen, spielen …).«

Bereicherung für die Beziehung darstellt oder eine hohle Geste geworden ist, das hängt von der Einstellung des Mannes und der Frau dazu ab. Prüfen Sie deshalb Ihre gemeinsamen Rituale auf ihren Sinn und Inhalt. Sie können alte Zöpfe jederzeit abschneiden und durch neue Gewohnheiten ersetzen. Machen Sie sich eine kleine Check-Liste der Rituale, die Sie als Paar bereits praktizieren. Manche Rituale geraten in der Hektik des Alltags einfach in Vergessenheit.

Berührungen sind eine Brücke aus Gefühlen.

BEGRÜSSUNG UND ABSCHIED

Im Begrüßungs- und Abschiedsritual zeigt sich oft Nähe oder Distanz. So begrüßen sich manche Paare mit einer zärtlichen Umarmung, andere mit einem einfachen »Hallo«. Nach einem Streit zeigen Gesten bei Begrüßung und Abschied – oder ihr Fehlen –, ob der andere schon zur Versöhnung bereit ist oder nicht. Versuchen Sie, der Alltagshektik ein Schnippchen zu schlagen. Fragen Sie sich immer wieder bewusst: »Heute schon gelächelt, berührt, geküsst …?«
Stellen Sie sich ruhig auch einmal bildlich vor, wie Sie sich als Paar begrüßen: Sie hören den Schlüssel in der Tür, nehmen wahr, wie Ihr

Zärtliche Gesten und Rituale helfen einem Paar, sich auch ohne Worte zu verständigen.

Partner hereinkommt. Was tun Sie jetzt? Wie verhält sich der andere? Sind Sie mit der Art der Begrüßung zufrieden? Gibt es vielleicht eine Möglichkeit, mehr Nähe zuzulassen?

Ein Begrüßungskuss ist mehr als eine bloße Geste. Wenn er wirklich ehrlich gemeint ist, zeigt er, dass Sie sich freuen, wenn der andere heimkommt. Sie stellen die Signale auf »Nähe«, und das kann den Verlauf des ganzen Abends positiv beeinflussen.

Die Nähe zueinander können Sie auch fördern, wenn Sie einander – nach einer angemessenen Pause zum Abschalten – kurz die Ereignisse des Tages erzählen. Das kann beim Abendessen passieren oder wenn die Kinder im Bett sind. Dieses Erzähl-Ritual gibt Ihnen wichtige Informationen über den Tagesablauf und die Erlebniswelt Ihres Partners und fördert das gegenseitige Verständnis.

KLEINE GESTEN IM ALLTAG

Gesten sagen oft mehr als viele Worte. Überraschen Sie sich hin und wieder mit Kleinigkeiten: Wenn er ihr auf einer Dienstreise ein Buch auf dem Flohmarkt kauft, das sie schon seit Jahren gesucht hat, aber nirgendwo mehr bekommen konnte, dann ist das mehr als ein nettes Mitbringsel. Das Geschenk zeigt, dass er ihre Wünsche kennt und sich wirklich für sie interessiert.

Überraschen Sie den anderen mit einem Willkommensgruß nach einem anstrengenden Tag oder einer Dienstreise. Der gedeckte Tisch mit Blumen und einem »Herzlich willkommen« entschädigt für die langen Stunden auf der Autobahn und läutet einen netten Abend ein. Wenn im Alltag immer wieder Meinungsverschiedenheiten über die Arbeitsteilung auftreten, hilft das »Ritual des Ausgleichs«. Dabei wird der Spieß im wahrsten Sinne des Wortes umgedreht: Zum Ausgleich dafür, dass sie zum Beispiel die ganze Woche über für Haushalt und Kinder zuständig ist, kauft er am Wochenende ein, deckt den Tisch, bereitet das Frühstück vor. Und sie kann ihren vom Job gestressten

Nicht nur die Frauen, auch Männer wünschen sich in ihrer Partnerschaft oft mehr Zärtlichkeit.

ICH DENK AN DICH!

Im Alltag gibt es viele Gelegenheiten, der Routine ein Schnippchen zu schlagen: Hinterlassen Sie sich öfter gegenseitig Nachrichten auf kleinen Zetteln. Unter die Nachricht: »Bin mit den Kindern bei Petra« können Sie für ihn noch eine persönliche Widmung schreiben, etwa: »Freue mich auf heute Abend!« Und den sachlichen Vermerk: »Essen für Dich steht im Kühlschrank« macht eine kleine gemalte Blume oder ein lachendes Gesicht netter. Sie können auch seine Lieblingspraline daneben legen – oder einen Zeitungsausschnitt über ein Thema, das ihn momentan besonders interessiert.

Mann entschädigen und ihm zum Ausgleich einen Mittagsschlaf auf dem Sofa gönnen oder ihn eine Stunde Zeitung lesen lassen, während sie inzwischen mit den Kindern einen Spaziergang macht. Im Urlaub können diese Rituale noch vertieft werden.

FESTE FEIERN – HÖHEPUNKTE SCHAFFEN

Feste und Geschenke erhalten nicht nur die Freundschaft, sondern auch die Partnerschaft. Viele Paare haben bestimmte Paar-Rituale zu Anlässen wie Hochzeitstag, Geburtstag oder Valentinstag. Liebevolle Gesten zu solchen Festtagen bringen ein dickes Plus auf dem Beziehungskonto (siehe ab Seite 87). Geht all das im Alltagstrott unter, trifft das den Partner oft schmerzlich, selbst wenn er es nicht zugibt. Tragen Sie deshalb solche Tage im Kalender ein. Reservieren Sie den Tisch im Restaurant, denken Sie vielleicht auch an den Blumenstrauß. Neben den großen Festen bietet auch der Alltag immer wieder Anlässe zum Feiern: Er hat den neuen Job bekommen. Aus Freude arrangiert sie ein kleines Fest. Ihr Schwangerschaftstest war positiv (oder negativ) – beide stoßen darauf an. Oder es hat endlich mit der neuen Wohnung geklappt: Nach dem Packen sitzen sie zu zweit auf den Kisten in der leeren Wohnung und feiern Abschied und Neubeginn.

> »Das Schönste im Leben ist,
> dass unsere Seelen nicht
> aufhören an jenen Orten zu
> verweilen, wo wir einmal
> glücklich waren.«
> (Khalil Gibran)

WIE AM ERSTEN TAG: LIEBESRITUALE

Verliebtheit lässt im Laufe der Jahre nach. Gerade deshalb sehnen sich viele Paare nach den Ritualen ihrer ersten Verliebtheit zurück. Gerade in Krisenzeiten sind solche Rituale eine Quelle für Energien, die der Partnerschaft wieder Kraft und Sinn geben. Die folgende Übung hilft Ihnen, sich an solche Rituale zu erinnern:

➤ Schließen Sie die Augen, denken Sie an die gemeinsame Anfangszeit: An welche Ereignisse, Dinge, Gesten erinnern sie sich gern? Können Sie sich vorstellen, etwas davon neu zu entdecken? Was fällt Ihnen spontan ein? Vielleicht erinnert sie sich an Konzertkarten, die er mal spontan mitbrachte. Er denkt daran, wie bei einer Urlaubsfahrt der alte Käfer kaputtging und sie zu zweit Unterschlupf in einem Landhotel fanden. Auch erotische Erinnerungen sind sicher dabei: eine erregende Massage, die erste wilde Liebesnacht ...

ZEIT ALS PAAR: UND WOHIN MIT DEN KINDERN?

PARTNERSCHAFT BRAUCHT HIN UND WIEDER DAS BESONDERE. KEHREN SIE DEM ALLTAG AB UND AN DEN RÜCKEN: TAUCHEN SIE AB! STUNDEN DER ZWEISAMKEIT BENÖTIGEN JEDOCH SCHON ETWAS VORBEREITUNG. VOR ALLEM IST JETZT WICHTIG, DASS DIE KINDER GUT AUFGEHOBEN SIND.

GUT GEPLANT IST HALB GEWONNEN ...

Sie sitzen beim Lieblingsitaliener und genießen bei Kerzenschein Ihre Pasta. Da holt Sie der Anruf des Babysitters unsanft aus dem siebten Himmel: Der Kleine schreit, und der Babysitter ist mit seinem Latein am Ende! Also: hastig die restliche Pasta hinunterschlingen, den Wein stehen lassen, die Rechnung verlangen – und zurück nach Hause.

Solche Pannen passieren natürlich. Schade nur, wenn das Paar daraufhin keinen neuen Anlauf mehr nimmt. Denn manchmal klappt es einfach deshalb nicht, weil der Abend nicht optimal geplant wurde: Vielleicht wäre in diesem Falle eben der Grieche um die Ecke besser gewesen, weil der schneller zu erreichen ist als die weiter entfernte Pizzeria am anderen Ende der Stadt. Oder der Babysitter war noch zu unerfahren? Wie auch immer: Ein Partnerschaftsabend steht und fällt mit der Planung, auch wenn das wenig spontan und romantisch klingt.

ELTERN BRAUCHEN ATEMPAUSEN

Vor der Geburt eines Kindes wünschen sich die meisten Paare nichts sehnlicher, als ihr Kind in den Armen zu halten, es endlich bei sich zu haben. Nur die wenigsten von ihnen denken daran, sich rechtzeitig um einen Babysitter zu bemühen. Schließlich will man das Kind, das so freudig erwartet wurde, nicht gleich schon wieder hergeben. In der Praxis holt die Realität die allermeisten Paare jedoch sehr

Die Zweisamkeit der Eltern steht und fällt mit einem guten Babysitter.

schnell ein. Viele Eltern-Paare überschätzen nämlich die eigene Energie und Nervenkraft. Es ist aber immer besser, das Kind stundenweise abzugeben und regelmäßig allein oder mit dem Partner aufzutanken, als sich bis an seine eigenen Grenzen aufzuopfern.

Erholte Eltern sind einfach bessere Eltern: Sie fühlen sich im Umgang mit dem Nachwuchs freier. Darüber hinaus sind sie auch bessere Partner füreinander. Investieren Sie also ins Babysitting – Sie investieren damit auch in Ihre Partnerschaft.

BEZAHLT, IN FAMILIE ODER UNTER FREUNDEN: WELCHES MODELL IST FÜR SIE DAS BESTE?

Für Eltern sind die Stunden zu zweit nur dann wirklich erholsam, wenn sie die Kinder in der Zeit in guten Händen wissen. Deshalb ist es so wichtig, die richtigen Personen für die Kinderbetreuung zu finden – und auch die Kinder gut darauf vorzubereiten.

OMA, OPA UND ANDERE VERWANDTE

Wenn Sie selbst Kinder bekommen, erleben Sie Ihre eigenen Eltern wahrscheinlich in einer völlig neuen Rolle. Die meisten Großeltern lieben ihre Enkel – die beste Voraussetzung für eine tiefe Bindung. Allerdings neigen sie manchmal dazu, auch in die Familienangelegenheiten hineinzureden, die Sie vielleicht nicht unbedingt mit ihnen teilen möchten.

Da heißt es dann: Freundlich, aber bestimmt Grenzen setzen und Ihre Wünsche an die Großeltern möglichst konkret formulieren. Sprechen Sie sich mit Ihren Eltern oder Schwiegereltern auch in grundsätzlichen Fragen ab: Wie praktikabel ist eine regelmäßige Betreuung? Wohnen die Großeltern nahe genug? Wie viel Zeit haben sie? Wie oft und wie lange sind sie bereit, die Enkel zu betreuen?

BETREUUNGSTAUSCH IM FREUNDESKREIS

Auch wenn Freunde das Babysitting übernehmen, fällt es meist Eltern und Kindern leichter, sich auf die Situation einzulassen, als wenn fremde Menschen die Rolle der Bezugsperson übernehmen. Dafür hängen allerdings in der Regel bestimmte Erwartungen an diesem Arrangement: »Wir nehmen dieses Wochenende eure Kinder, könnt ihr am nächsten unsere nehmen?« Außerdem können Unterschiede im Erziehungsstil Probleme zwischen den Familien bereiten. Sprechen

In der ersten Hälfte des Lebens stören uns manchmal unsere Eltern. In der zweiten zuweilen unsere Kinder.

Sie deshalb von vornherein ganz offen über Ihre Erwartungen. Manchmal helfen auch Nachbarn in Betreuungsengpässen aus. Allerdings sollten Sie das wirklich nur als Notfall-Hilfe nutzen. Nachbarschaftliche Hilfsbereitschaft sollte man nicht überstrapazieren.

BABYSITTER, TAGESMUTTER & CO.

Wenn Sie auf bezahlte Kinderbetreuung zurückgreifen, checken Sie Ihre Finanzen. Babysitter sind nicht billig: Sie müssen mit mindestens fünf Euro pro Stunde rechnen, dazu kommen manchmal noch Fahrtkosten. Wollen und können Sie das ausgeben? Ein Tipp für das kleine »Extrapolster«: Sammeln Sie Geld für den Babysitter in einem Sparschwein. Wenn einer von Ihnen etwas übrig hat, kommt es hinein. Davon können Sie sich einige freie Stunden zusätzlich leisten.

Neben der finanziellen Frage sind auch andere Aspekte wichtig: Brauchen Sie den Babysitter nur sporadisch, oder könnte sich daraus eine regelmäßige längerfristige Betreuung ergeben, zum Beispiel wenn Sie später wieder berufstätig sein möchten? Dann sollten Sie auf zuverlässige Betreuer achten, die über einen längeren Zeitraum zur Verfügung stehen, vielleicht auch eine Tagesmutter. Bei Jugendämtern, dem Tagesmutterverband oder bei speziellen Babysitteragenturen bekommen Sie entsprechende Adressen.

Über einen Aushang oder eine Zeitungsanzeige lassen sich ebenfalls Babysitter finden. Dabei ist die Entscheidung für die geeignete Per-

Das Zusammensein mit den Großeltern ist für jedes Kind eine schöne Bereicherung.

son nicht ganz unkompliziert. Am besten schauen Sie sich mehrere Babysitter an und vergleichen Ihre Eindrücke. Vereinbaren Sie dann zunächst eine Probestunde. Schauen Sie, wie Kind und Betreuerin miteinander klarkommen. Beobachten Sie das Verhalten des Babysitters und die Reaktionen Ihres Kindes.

LOSLASSEN LERNEN – SO KLAPPT ES

Kinder brauchen ihre Eltern. Aber es tut ihrer Entwicklung gut, wenn sie von Anfang an auch andere Bezugspersonen haben. So lernen sie den Kontakt zu anderen Menschen und erleben verschiedene Verhaltensweisen im Umgang miteinander. Wie wissenschaftliche Studien belegen, nehmen Kinder keineswegs Schaden, wenn sie schon in den ersten Lebensjahren zeitweise fremd betreut werden. Wichtig ist die Beziehung zwischen Kind und Bezugsperson.

Schon kleine Kinder sind neugierig, bewegen sich nach und nach immer weiter von den Eltern weg, um die Welt zu entdecken. Auch Eltern haben manchmal diesen Drang »weg vom Kind«. So kommt es beiden – Kindern und Eltern – entgegen, wenn sie sich hin und wieder einmal trennen und eigene Wege gehen können. Besonders wenn Kinder auf andere Kinder treffen, zum Beispiel in einer befreundeten Familie oder bei der Tagesmutter, gibt es nicht nur viel Spaß, sondern auch einen ganzen Schatz an neuen Erfahrungen: Kinder werden offener, selbstständiger und selbstbewusster.

Am besten sorgen Sie dafür, dass Ihr Kind im Alltag möglichst viel Gelegenheit hat, mit anderen Menschen zusammen zu sein: Bauen Sie sich einen Bekanntenkreis mit anderen jungen Familien auf. Verabreden Sie vielleicht mit einer befreundeten Familie einen »Kindertausch«: Einmal nehmen Sie das Kind der Freunde, ein anderes Mal schicken Sie Ihren Nachwuchs dorthin. Entscheidend ist, dass sich die Kinder jeweils in der anderen Familie wirklich wohl fühlen.

Besuchen Sie auch Eltern-Kind-Gruppen, wie PEKiP-Kurse, Babymassage oder Spielkreise, um Kontakte zu knüpfen. Diese finden Sie in Familienbildungsstätten, Mütterzentren oder Volkshochschulen. Sie können auch selbst eine Gruppe gründen und das durch einen Aushang beim Kinderarzt oder eine Anzeige bekannt machen.

Durch den Besuch in festen Kindergruppen – Krabbelgruppe, Kita, Kindergarten – gewöhnt sich Ihr Kind an Gleichaltrige. Damit wird es offener, selbstständiger und sicherer.

Wenn Ihr Kind ausreichend Gelegenheit hat, mit anderen Menschen Kontakt aufzunehmen, erleichtern Sie sich Ihr Leben – und tun etwas für die Zukunft Ihres Kindes.

ERSTE SCHRITTE IN DIE SELBSTSTÄNDIGKEIT

Damit der Einstieg ins Babysitting für Ihr Kind, die neue Betreungsperson und Sie selbst möglichst gut verläuft, sollten Sie Folgendes beachten: Ihr Kind sollte schon einen gewissen Rhythmus im Tagesablauf haben (bestimmte Schlaf-, Wach- und Essenszeiten).

Bei einem Baby beginnen Sie besser zuerst mit einer Stunde Betreuung, damit sich Ihr Kind allmählich an die neue Situation gewöhnt. Wenn alles gut läuft, können Sie die Zeit ausdehnen. Erklären Sie dem Babysitter wichtige Gewohnheiten und Vorlieben des Kindes – etwa beim Spielen, Essen oder Schlafen – und zeigen Sie, was wo steht. Sprechen Sie darüber, wie sich Ihr Kind am besten beruhigen lässt, falls es aufwacht oder weint.

Wenn Sie übers Wochenende verreisen oder in den eigenen vier Wänden abtauchen, empfiehlt sich eine Art »Ersatzfamilie« fürs Kind. Das können die Großeltern sein oder eine befreundete Familie.

Wichtig ist, dass Sie ein gutes Gefühl haben, wenn Sie Ihr Kind anderen Menschen anvertrauen.

WENN ELTERN ENDLICH AUSGEHEN …

➤ Erklären Sie Ihrem Kind altersentsprechend, dass Sie weggehen und wer in der Zwischenzeit für es da sein wird. Vielleicht fragt Ihr Kind auch, wohin Sie gehen und wann Sie wiederkommen. Beantworten Sie diese Fragen möglichst ehrlich. Ist Ihr Kind noch zu klein für solche Erklärungen, verabschieden Sie sich möglichst von ihm, wenn es wach ist. Zeigen Sie durch Ihr Verhalten, dass Sie der Bezugsperson, bei der Sie das Kind lassen, vertrauen. Das ist besser, als sich heimlich »davonzuschleichen«, denn wenn Ihr Kind im Nachhinein merkt, dass Sie weg sind, fühlt es sich viel verlassener.

➤ Manche Kinder machen im wahrsten Sinne des Wortes Theater, wenn Sie spüren, dass sich die Eltern aufs Weggehen vorbereiten. Wenn sie bereitwillig darauf eingehen, werden Sie später vielleicht gar nicht mehr aus dem Haus kommen. Es braucht etwas Konsequenz. Aber: Tränen versiegen schneller, als Sie denken, wenn Sie als Eltern erst einmal aus dem Blickfeld sind.

➤ Hinterlassen Sie Ihre Handy-Nummer oder die Telefonnummer vom Restaurant für den Notfall. Vielleicht legen Sie auch eine Rufnummer »vor Ort« auf den Tisch, vielleicht die der Nachbarin.

Das Paarwochenende kann für Eltern und Kinder zum schönen Erlebnis werden.

ENDLICH: WIR ZWEI
SIND HEUTE GANZ ALLEIN!

SIE HABEN FESTGESTELLT, DASS SIE ENDLICH MAL WIEDER EIN WOCHENENDE ZU ZWEIT BRAUCHEN? ODER SIE MÖCHTEN WENIGSTENS MAL WIEDER ABENDS ZUSAMMEN AUSGEHEN? WENN SIE SCHON AM WOCHENANFANG MIT DER PLANUNG BEGINNEN, HABEN SIE BESTIMMT GENÜGEND ZEIT, DIE KINDERBETREUUNG ZU ORGANISIEREN UND AUCH ALLE ANDEREN NOTWENDIGEN VORBEREITUNGEN ZU TREFFEN. LASSEN SIE SICH DOCH VON DEN FOLGENDEN TIPPS INSPIRIEREN!

MAL WIEDER ZUSAMMEN AUSGEHEN

Die meisten Aktivitäten zu zweit werden sich für Eltern auf das Wochenende verlagern, denn was bringt es, wenn Sie beide wochentags zu später Stunde im Kino sitzen und in der Mitte des Filmes vor Erschöpfung einschlafen? Achten Sie bei der Auswahl Ihrer Unternehmung vor allem darauf, wie viel Zeit Sie zur Verfügung haben, wie alt Ihre Kinder sind und wie es mit dem Babysitting klappt.

KULTUR ON TOUR

Wie wäre es mal wieder mit einem Besuch im Kino, Theater oder mit einem tollen Konzert? Eine besonders sinnvolle Idee in diesem Zusammenhang ist ein festes Theater-Abo. Das sorgt dafür, dass Sie Ihre Vorsätze auch tatsächlich in die Tat umsetzen. Am besten geben Sie den Spielplan schon rechtzeitig an Ihren Babysitter weiter.

KNEIPE & CO.

Suchen Sie sich eine gemütliche Kneipe – vielleicht sogar eine mit Musik-Programm – und versacken Sie dort zu zweit. Und wenn Sie es einrichten können, dass Ihre Kinder außer Haus übernachten, ist Ihnen das Ausschlafen am nächsten Morgen so gut wie garantiert.

KULINARISCHES

So reizvoll es ist, ein neues Restaurant auszuprobieren. Ihr kostbarer Partnerschaftsabend ist zu schade für kulinarische Enttäuschungen.

Das Aufsehen Erregende kann nur passieren, wenn der Alltag funktioniert. (Hans-Günther Heyme, deutscher Regisseur)

121

Deshalb wählen Sie vielleicht besser ein Restaurant aus, von dem Sie wissen, dass Sie dort hundertprozentig auf Ihre Kosten kommen. Oder sind Sie beide eher Abenteurer-Typen?

ALS PAAR UNTERWEGS – NICHT NUR ABENDS

Nicht nur das allabendliche »Ausgehverbot« ist für viele junge Eltern gewöhnungsbedürftig: Auch mal schnell zusammen etwas einzukaufen, durch die Stadt zu bummeln oder einen Spaziergang zu zweit zu machen ist jetzt nicht mehr ohne weiteres möglich. Deshalb nehmen Sie sich ruhig auch einmal ganz bewusst zusammen eine Auszeit für solche unspektakulären Unternehmungen.

GEHEN WIR DOCH MAL MÖBEL GUCKEN

»Ein Leben ohne Feste gleicht einer weiten Reise ohne Heimkehr.« (Demokrit, griechischer Philosoph)

Sie brauchen ein größeres Kinderbett oder einen neuen Schreibtisch? Machen Sie daraus ein Event: Statt mit den Kindern gehen Sie zu zweit auf Tour, etwa am Samstag. Größere Möbelhäuser haben oft ein Restaurant oder Bistro. Da können Sie zwischendurch einen Imbiss genießen und reden, denn sonst wird es vielleicht schnell zu stressig, und der Spaß bleibt auf der Strecke.

FIT IM DOPPELPACK

Wenn Sie sportliche Ambitionen haben: Wie wäre es mit Fitness zu zweit? Vielleicht ein Lauf im Park? Oder Sie erkunden per Rad schon mal die Tour für den nächsten Familienausflug. Bewegung beflügelt die Seele: Endorphine werden freigesetzt – und die bringen gute Laune, auch in die Partnerschaft. Wenn Sie in Zukunft ohnehin beide etwas mehr Sport machen möchten, ist eine gemeinsame kostenlose

Probestunde in einem Fitness-Studio sicher ein guter Auftakt. Vereinbaren Sie die Stunde vorher. Und erkundigen Sie sich am besten auch gleich, zu welchen Zeiten das Studio Kinderbetreuung anbietet.

PAAR-FREIZEIT ZU HAUSE

Kein Kindergeschrei, kein plötzliches Malheur, keine überraschende Störung, weil der Teddy gerade nicht mehr zu finden ist: Auch zu Hause ist für junge Eltern ungestörte Zeit als Paar plötzlich kostbar. Vielleicht nutzen Sie deshalb die Stunden, in denen Ihr Kind bei anderen ist, ab und an auch ganz bewusst für die Freizeit daheim.

DINNER FOR TWO

Kochen Sie gern? Dann bereiten Sie doch mal gemeinsam ein Essen zu. Egal ob es sich um ein aufwendiges Menü oder ein Schnellgericht handelt: Entscheidend ist, dass Sie Spaß daran haben und das Essen gemeinsam vorbereiten. Und wie wäre es zu diesem Anlass mit einem Aperitif, einem guten Wein oder gar Champagner?

Stille Momente zu zweit können viel Kraft für den turbulenten Alltag geben.

LET'S HAVE A TALK

Gespräche sind das Lebenselixier jeder Partnerschaft. Wenn ein Problem in der Luft liegt, dann kann der schönste Partnerschaftsabend ein Reinfall werden. Reden Sie sich das Problem von der Seele. Das können Sie übrigens auch bei einem Waldspaziergang tun.

EINFACH MAL DIE STILLE GENIESSEN

Es kann sehr erholsam sein, einfach einmal die Stille im Haus mit allen Sinnen zu erfahren. Vereinbaren Sie vielleicht, dass Sie fünf Minuten gemeinsam schweigen wollen. Lauschen Sie den Geräuschen im Haus oder im Garten. Vielleicht stellen Sie eine Kerze auf den Tisch und blicken still in die Flamme. Oder Sie lehnen sich entspannt zurück und schauen sich ganz bewusst Ihre Wohnung an. Gehen Sie mit den Augen dort spazieren. Was fühlen Sie dabei? Vielleicht spüren Sie die Alltagshektik in solchen Momenten besonders. Möchten Sie dem anderen Ihre Empfindungen mitteilen?

RELAXEN MIT DEM LIEBSTEN

Machen Sie es sich auf dem Sofa bequem und lauschen Sie gemeinsam einer Kassette mit Entspannungsmusik oder mit Formeln des

Autogenen Trainings. Gerade müde, gestresste Eltern profitieren davon. Anschließend können Sie ein Nickerchen machen. Gegen Verspannungen im Rücken oder Nacken helfen Übungen zu zweit (Literaturempfehlungen siehe ab Seite 154).

ZEIT ZUM SPIELEN

Suchen Sie sich ein Brett- oder Kartenspiel aus und spielen Sie ganz ungestört. Oder möchten Sie zu zweit ein Computer-Spiel ausprobieren? Vielleicht lernen Sie bei der Gelegenheit auch Schach oder Skat. Das Ganze wird noch besser, wenn Sie um einen Preis spielen, etwa die Anzahlung für ein gemeinsames Wochenende oder ein Essen.

WELLNESS AUF DIE SCHNELLE ...

Planen Sie doch mal einen Wellness-Tag: Frühstück zu zweit, ein Waldlauf, Sauna, Mittagsschlaf … Wenn Sie noch mehr tun möchten, gönnen Sie sich vor oder nach dem Mittagsschlaf gegenseitig eine Massage (siehe ab Seite 145), vielleicht mit einem milden Massageöl.

LESE-ZEIT

Versorgen Sie sich mit ausreichend Lektüre – Zeitungen, Zeitschriften und Büchern – und lümmeln Sie sich zu zweit aufs Sofa. In einer gemeinsamen Pause können Sie einander dann von Ihrem Lesestoff erzählen oder sogar etwas vorlesen. Lesen Sie ein Buch, das Ihr Partner schon kennt, und tauschen Sie dann Ihre Eindrücke aus.

»Das ist wirklich ein einfaches Vergnügen, allein mit dem Ehemann zu frühstücken ...«
(Anne Morrow Lindbergh, amerikanische Schriftstellerin)

AUFRÄUMEN ZU ZWEIT

Unordnung im Haus kann belasten. Und auch wenn das Aufräumen selbst meist nicht lustig ist: Anschließend, wenn eine bestimmte Arbeit endlich erledigt ist, kommt doch meist ein gutes Gefühl auf, und die Stimmung steigt. Was wollten Sie schon immer in Ordnung bringen? Den Dachboden aufräumen? Bücher aussortieren? Fotos einkleben? Aus der Last des Aufräumens kann auch eine Lust werden, wenn Sie sich dabei eine nette Musik auflegen, sich unterhalten und ab und zu eine gemeinsame Tee- oder Kaffeepause einlegen.

GEMEINSAM ONLINE UNTERWEGS

Surfen Sie gemeinsam im Internet. Vielleicht schauen Sie sich Reiseangebote für den nächsten Urlaub oder ein gemeinsames Wochenende an. Hotels und Ferienwohnungen können Sie so besser ins Visier nehmen und sich zu zweit darauf freuen. Am besten, Sie schicken gleich eine E-Mail los und bitten um Prospekte.

KREATIVE HÄNDE AM WERK

Lieben Sie es beide, zu malen, zu töpfern, zu basteln oder zu werken? Dann auf zum kreativen »Doppel«! Ob Sie Blumentöpfe verzieren, eine Tür streichen oder einen Bauernschrank abschleifen: Wichtig ist, dass es Ihnen Freude macht.

GARDENING FÜR »GRÜNE DAUMEN«

Arbeiten Sie beide gern ungestört im Garten? Nutzen Sie die kinderfreie Zeit doch dafür. Vielleicht bepflanzt einer Beete und Blumentöpfe, während der andere die Hecke schneidet oder das Vogelhäuschen streicht. Bei einer Pause gibt es einen Snack zu zweit. Und gegen Abend stoßen Sie vielleicht gemeinsam auf die getane Arbeit an.

Ob Alltagsmomente oder gemeinsame Hobbys: Es sollte in Ihrem Leben immer auch Zeit nur für Sie als Paar geben.

RAUS AUS DEM ALLTAG: KURZ-TRIPS

Ein Kurzurlaub zu zweit muss kein Traum bleiben. Holen Sie sich Prospekte und schmökern Sie. Erzählen Sie sich gegenseitig, welches Ziel Sie interessiert. Soll es Kultur sein? Dann wäre vielleicht eine Städtereise richtig. Oder steht das Bedürfnis nach Entspannung im Vordergrund? Dem käme eventuell eine kleine Pension an der Nordsee oder ein Wellness-Hotel entgegen. Möchten Sie aktiv sein? Warum nicht mal eine Wandertour mit Zelt und Rad?

Planen Sie gemeinsam und besprechen Sie auch die einzelnen Schritte, die zur Verwirklichung nötig sind. Vielleicht hilft Ihnen die folgende Übung, Ihre Träume in die Tat umzusetzen.

EINE REISE ZU ZWEIT – ÜBUNG MIT PHANTASIE

Auch wenn in der Realität vieles nicht ganz einfach geht: In der Vorstellung ist alles möglich. Machen Sie doch schon mal in Gedanken eine Reise zu zweit. Sie können innere Bilder in sich aufsteigen lassen, dabei mehr über Ihre Paarbeziehung erfahren und Ihre Gefühle gegenüber Ihrem Partner deutlicher spüren. Das eröffnet Ihnen die Möglichkeit, Ideen für mehr Nähe und Gemeinsamkeit in Ihrer Partnerschaft zu entwickeln.

VORBEREITUNG

Nehmen Sie sich für Ihre Phantasiereise etwa fünfzehn bis zwanzig Minuten Zeit. Sie können die Reise jeder für sich allein oder gemeinsam unternehmen. Und es ist sicher auf jeden Fall interessant, wenn Sie anschließend Ihre Erfahrungen austauschen.

Setzen Sie sich an einen ruhigen Ort. Lehnen Sie sich entspannt zurück und schließen Sie die Augen. Wenn Sie mögen, legen Sie sich eine angenehme, beruhigende Instrumentalmusik auf.

EINSTEIGEN, ES GEHT LOS!

Stellen Sie sich nun vor, gemeinsam mit Ihrem Partner zu verreisen. Welches Ziel steuern Sie an? Wie sieht es dort aus? Lassen Sie Ihrer Phantasie freien Lauf. Ob Sie sich vorstellen, auf den Malediven zu schnorcheln oder mit dem Fahrrad durch den Schwarzwald zu radeln: Versuchen Sie, alle Einzelheiten wahrzunehmen, zum Beispiel auch die Farben, Geräusche, Gerüche. Wie erleben Sie sich selbst und Ihren Partner? Womit verbringen Sie Ihre gemeinsame Zeit?

Wenn Sie gemeinsam Pläne schmieden: Am besten gleich den Terminkalender holen, sonst bleibt es nur beim Träumen.

Nun nehmen Sie Abschied von der Reiseszene. Kehren Sie ganz allmählich in die Wirklichkeit zurück. Wie ist Ihre Stimmung nach dieser Fahrt? Welche Bilder sind Ihnen in Erinnerung geblieben?

WAS NEHMEN SIE DAVON MIT INS WIRKLICHE LEBEN?

- Ideen für den Alltag finden: Gibt es nach der Reise Ideen für gemeinsame Unternehmungen? Selbst wenn Sie in der Phantasie zu einem exotischen Ziel gereist sind, müssen Sie das nicht gleich als »unerreichbar« zu den Akten legen. Aus Träumen wachsen Ideen. Und Träume geben die Kraft, etwas im realen Leben zu verändern.
- Nehmen Sie Konflikte wahr: Während der Phantasiereise können auch unangenehme Gefühle in Ihnen aufsteigen. Manchmal werden so Konflikte, die Ihre Partnerschaft belasten, ganz deutlich sichtbar, etwa Sprachlosigkeit. Selbst wenn es keine »schnelle Lösung« für Ihre Probleme gibt: Bilder können mehr Klarheit bringen.
- Erkennen Sie Ihre Bedürfnisse: Fragen Sie sich, was hinter den Bildern steht, die Sie gesehen haben. Vielleicht steht ein Strand mit Palmen für den Wunsch nach Entspannung, Distanz vom Alltag, Zweisamkeit, Erotik, Sexualität. Vielleicht können Sie diese Bedürfnis in Worte fassen: »Ich möchte mich entspannen …«

SETZEN SIE SICH REALISTISCHE ZIELE

Selbst wenn Sie mit Ihrem Partner im Augenblick nicht am karibischen Strand unter Palmen liegen können, gibt es sicher andere Möglichkeiten, das Bedürfnis zu befriedigen, das hinter dem Bild steckt. Können Sie ein konkretes, realistisches Ziel formulieren? Zum Beispiel: »Ich möchte mal wieder allein mit meinem Partner schwimmen gehen.« Statt am Karibikstrand kann man auch hier schwimmen, danach auf einer Liege ausruhen, lesen, quatschen, entspannt die Augen schließen. Stellen Sie sich das mögliche Ziel – ein nahes Schwimmbad, eine Therme oder ein Erlebnisbad – deutlich vor. Fragen Sie sich: Was muss ich für einen Ausflug dorthin tun? Zum Beispiel: mit meinem Partner sprechen, Termin ausmachen, Babysitter organisieren, Thermenführer besorgen, Therme auswählen, Wegbeschreibung ansehen, Badetasche packen … und dann geht's los.
Solche Stunden zu zweit können übrigens auch der Sexualität wieder neuen Schwung geben. Was Sie sonst noch für die Leidenschaft tun können, erfahren Sie im folgenden Kapitel.

»Man kann nicht schneller und billiger reisen als in Gedanken.«
(Georg Weerth, deutscher Journalist und Schriftsteller)

VON LIEBE, LUST
UND LEIDENSCHAFT

SEXUALITÄT IST DIE WICHTIGSTE UND SCHÖNSTE BRÜCKE ZWISCHEN FRAU UND MANN. ABER DIE KÖRPERLICHE LIEBE IST AUCH BESONDERS ANFÄLLIG FÜR STÖRUNGEN. UND SELBST WENN NACH VIELEN GEMEINSAMEN JAHREN DIE HORMONE NICHT MEHR VERRÜCKT SPIELEN: SIE SOLLTEN DER EROTIK UND SEXUALITÄT IMMER GENUG RAUM IN IHRER PARTNERSCHAFT GEBEN.

KINDERGLÜCK GLEICH LIEBESFLAUTE?

In der ersten Zeit nach der Geburt eines Kindes ist bei vielen Eltern zunächst einmal Liebesflaute angesagt. Viele Paare finden zwar nach einer Pause wieder zu ihrem Sexualleben zurück – aber es ist oft gar nicht so leicht, dort anzuknüpfen, wo man einmal aufgehört hat. Der Familienforscher Wassilos Fthenakis stellte in einer Untersuchung fest, dass bei zwei Dritteln von 175 befragten Paaren die Freude am Sex sowie die Aufmerksamkeit und Zuwendung des Partners nach der Geburt von Kindern nachgelassen haben.

Paare, die sich vor ihrer Elternschaft leidenschaftlich liebten und körperliche Lust richtig genießen konnten, haben zwar recht gute Chancen, auch nach der Geburt der Kinder wieder guten Sex zu erleben. Aber eine Garantie gibt es dafür natürlich nicht. Erotik und Sexualität müssen gepflegt werden, ebenso wie gute Gespräche und andere Gemeinsamkeiten.

INVESTIEREN SIE IN IHRE GEMEINSAME ZUKUNFT

Statt aber Liebespflege zu betreiben, bauen manche Paare im Alltag Tabus auf: »Jetzt nicht«, sagt sie und starrt erschrocken auf die Schlafzimmertür. »Die Kinder könnten gleich hereinkommen. Ich hab schon so ein Poltern gehört.«

Oder sie muss sich unbedingt der Bügelwäsche widmen – gerade, wenn er ins Bett will und andeutet, dass er Liebe möchte. Er setzt ein deutliches Zeichen, und sie antwortet ebenso deutlich. Solche Szenen häufen sich im Familienalltag. Sexualität ist eben sehr abhängig von Stimmungen und spontanen Gefühlen – bei Frauen oft stärker als bei

Im Laufe des Lebens bleibt die Sexualität nicht immer gleich. Leidenschaft und Langeweile wechseln sich ab.

Männern. Manchmal schaltet der Körper schon auf Sparflamme. Was früher undenkbar schien, wird zeitweise Realität. »Haben wir uns die körperliche Liebe etwa abgewöhnt?« fragen sich manche Paare. »Gibt es nur noch ab und an 08/15-Sex, weil es mal wieder sein muss, und das auch noch zu festen Terminen?!«

SEXUALITÄT VERÄNDERT SICH

Je besser sich ein Paar kennt, desto vertrauter wird es sich. Und diese Vertrautheit geht in der Regel auf Kosten der Leidenschaft. Kommen noch Stress und Überlastung hinzu, bleibt das Liebesleben schnell auf der Strecke. Die Sexualtherapeutin Helen Singer Kaplan beschrieb dieses Phänomen bereits 1979. Danach gehören vor allem berufstätige Eltern zur Gruppe der »sexuell Lustlosen«: Berufsstress, Kindererziehung, Haushaltsführung – dieser Alltag lässt viele Paare abends erschöpft in sich zusammensinken. Was mit einschläft, ist oft die Sexualität. Auch berufliche Probleme, Krisen in der Beziehung, Krankheit oder ähnliche Umstände können das sexuelle Interesse mindern.

Das Liebesleben von Eltern-Paaren ist voller Überraschungen – meist sorgen die Kinder schon dafür.

129

DEUTLICHE SIGNALE SETZEN

Dass Paare mit kleinen Kindern ihre Liebesstunden häufig organisieren müssen, dass es oft an Zeit und Lust fehlt, ist Realität. Aber Sie sollten keine zusätzlichen Tabus aufbauen. Versteckte Signale (Will er jetzt? Hat sie Lust oder nicht?) schaffen Unsicherheit. Auch immer gleiche Vermeidungsstrategien – vor dem Fernseher sitzen bleiben, bis der Partner eingeschlafen ist, die Kinder allabendlich ins Bett holen – bringen Frust. Zeigen Sie klar und deutlich, was Sache ist: ob Sie Lust auf Sex haben oder auch nicht. Rituale, um Sex zu vermeiden, bringen nur schlechte Laune in die Beziehung.

Viele Paare reagieren beunruhigt auf die entstehende Lustlosigkeit. Dabei ist es ganz natürlich, dass sich im Laufe einer Beziehung Phasen sexueller Leidenschaft mit Zeiten ruhiger Erotik abwechseln. Und meist ist die Phase der Ruhe bei langjährigen Beziehungen insgesamt länger als die der Leidenschaft.

Lediglich kinderlose Paare, die in Wochenendbeziehungen leben, können meist lustvolle Sexualität genießen. Die räumliche Distanz unterstützt die sexuelle Anziehung, das Zusammensein behält immer etwas Besonderes, wird nicht alltäglich.

Bei Paaren, die zusammenleben und dazu noch Kinder haben, wird die Beziehung dagegen meist bestimmt von Vertrauen, Sicherheit, Geborgenheit – und natürlich auch Gewohnheit. Dass dabei auch Langeweile aufkommt, ist ganz normal. Aber beide Seiten sind wichtig: Leidenschaft und Spannung ebenso wie Vertrautsein, Gewohnheit und Verlässlichkeit. Wichtig ist es, beide Seiten immer wieder ins Gleichgewicht zu bringen.

Viele Gewohnheiten im Alltag haben letztendlich das Ziel, Nähe und Sinnlichkeit zu vermeiden.

WUNSCH UND WIRKLICHKEIT

Sexualität ist kein Leistungssport, auch wenn in unserer sexualisierten Welt nur allzu gern vermittelt wird: »Alle müssen immer wollen und können« Gerade im Bereich der Sexualität wird jedoch viel geschwiegen – und ebenso viel übertrieben. Und wer darauf hereinfällt und Wunsch mit Wirklichkeit verwechselt, wird sehr schnell unzufrieden mit seinem tatsächlichen Liebesleben.

Leider sprechen junge Eltern-Paare viel zu wenig über das Thema Sexualität. Auch in Geburtsvorbereitungskursen wird wenig oder gar nicht darauf eingegangen. So bleibt meist unklar, ob andere Eltern-Paare wohl auch Probleme mit dem Sex haben oder nicht. Aber wer deshalb glaubt, dass bei den anderen immer »die Post abgeht«, während nur man selbst ständig mit Erschöpfung und Unlust zu kämpfen hat, der irrt gewaltig.

TRAUEN SIE SICH: FRAGEN SIE RUHIG MAL NACH

Lenken Sie bei einem Gespräch mit Freunden das Gespräch doch mal behutsam auf das Thema Sexualität. Nicht alle Paare wollen und können jedoch darauf eingehen: Falls Sie das Gefühl haben, dass Ihre Freunde als Paar zusammen nicht mit Ihnen darüber sprechen möchten, kann vielleicht ein Gespräch »unter vier Augen« – also von Frau zu Frau oder von Mann zu Mann – weiterhelfen.

Sie können das Thema auch in Stillgruppen, in der Rückbildungs-gymnastik oder mit einer Hebamme besprechen. In Gruppen ist es jedoch oft sinnvoll, die Sache allgemein abzuhandeln: Nicht alle möchten persönliche Probleme vor anderen zur Sprache bringen.

Müdigkeit, Stress, neue Anforderungen und eine völlig ungewohnte Beziehungs-situation – das alles sind Faktoren, die die Lust zeitweise dämpfen können.

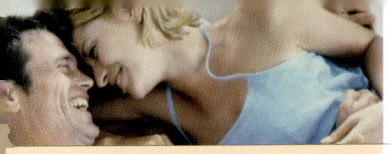

DER RAHMEN MUSS STIMMEN

Trotz Zeitdruck: Lassen Sie es langsam angehen, vor allem wenn Sie wissen, dass einer von Ihnen beiden etwas länger braucht, um in Stimmung zu kommen. Da hilft oft ungezwungenes Reden, ein Glas Wein, schöne Musik. Sehen Sie das Ganze nicht zu verbissen. Es geht ja ums »Liebes-Spiel«, und ein Spiel braucht eine gewisse Leichtigkeit. Es gibt übrigens auch eine verbale Erotik: Neben zärtlichen Gesten können die passenden Worte erotische Stimmung schaffen. Wenn die Lust nicht kommt, ist das auch kein Beinbruch. Humor und Kuscheln statt Bettgeflüster sind auch eine Variante.

MIT SEXUELLEN DURSTSTRECKEN UMGEHEN LERNEN

Oft fühlen sich Frauen und Männer nicht einmal so sehr dadurch beeinträchtigt, dass ihnen zeitweise die Lust fehlt. Sondern eher, weil sie glauben, immer zuverlässig funktionieren, alles unter Kontrolle haben zu müssen. Und durch den Gedanken, dass ein gleich bleibend leidenschaftliches Liebesleben selbstverständlich zu einer guten Partnerschaft gehört. Auch die Angst, nicht mehr begehrt und geliebt zu werden oder selbst nicht mehr genug zu lieben, spielt eine Rolle. Folgendes sollten Sie deshalb bei sexuellen Durststrecken bedenken:

- Lasten Sie eine vorübergehende Liebesflaute nicht gleich Ihrer Beziehung an – und auch nicht Ihrem Partner. Körperliche Liebe lebt von Stimmungen und Gefühlen, und die sind fragil. Vergleichen Sie Ihre Lust mit Wellen an einem Strand: Sie kommen und gehen, sind mal mehr, mal weniger hoch.

- Bleiben Sie gelassen. Sexuelle Erregung zu provozieren führt oft nur zu Enttäuschungen. Werten Sie eine vorübergehende Liebespause nicht als Ihr eigenes Versagen oder das des Partners. Sonst bauen sich Angst und Leistungsdruck auf. Diese verhindern Erregung, erzeugen erneut Enttäuschung. Das kann zum Teufelskreis werden.

- In einer Beziehung sollte jeder auch offen sagen können, dass er gerade keine Lust hat: »Ich bin jetzt müde. Die Kinder haben mich heute ziemlich geschafft.« Sie müssen den Partner ja nicht schroff abweisen: Schenken Sie ihm einfach eine zärtliche Geste.

- Schaffen Sie sich Zeit gemeinsam: vielleicht am Wochenende, wenn das Kind bei der Oma ist? Lust ist natürlich nicht program-

Durch die Geburt von Kindern können alte sexuelle Tabus wieder aufbrechen.

mierbar: Falls Sie beide dann gerade keine haben, nutzen Sie die gemeinsamen Stunden anders (einige Tipps dazu finden Sie zum Beispiel ab Seite 123).

EBBE OHNE ENDE – WAS KANN MAN TUN?

Wenn die Liebesflaute länger anhält und Sie das Gefühl haben, dass sie die Partnerschaft belastet, sollten Sie reagieren. Dauerhafte sexuelle Probleme können die Partnerschaft beeinträchtigen und sogar zu Trennungen führen. Dabei kann es natürlich keine Norm geben, ab wann man von anhaltender Lustlosigkeit spricht. Dazu sind die sexuellen Gewohnheiten der einzelnen Paare zu unterschiedlich. Eine Liebesflaute direkt nach der Geburt eines Kindes ist aufgrund der körperlichen Erschöpfung der Frau ziemlich normal. Besteht die »Sexkrise« aber nach einem halben Jahr immer noch oder tritt sie plötzlich auf, wenn die Kinder schon älter sind, dann empfiehlt es sich, nach den Ursachen zu forschen. Der Familientherapeut Jürg Willi rät, sexuelle Gefühle als Körpersprache wahrzunehmen und diese Sprache des Körpers in Worte umzusetzen.

REDEN, REDEN, REDEN ...

Machen Sie den ersten Schritt. Sprechen Sie klar und deutlich aus, um was es geht. Bleiben Sie bei Ihren Gefühlen (»Wir schlafen nicht mehr so häufig zusammen. Mir macht das eine Menge aus«). Geben Sie dem anderen die Möglichkeit, eigene Gefühle auszusprechen. Machen Sie längere Pausen im Gespräch, damit der andere Zeit hat, seine Gedanken und Gefühle zu ordnen und in Worte zu fassen. Ach-

Die eigenen Bedürfnisse zu spüren, sie zuzulassen und dem anderen mitzuteilen ist eine einfache und zugleich unglaublich schwierige Voraussetzung für sexuelle Erfüllung.

EINEN VERSUCH WERT: KONFLIKT-CHECK

Wenn Sie »Frust mit der Lust« haben, hilft vielleicht der folgende Check, die Gründe zu finden: Schreiben Sie spontan und ohne lange nachzudenken auf, was Sie aktuell in Ihrer Partnerschaft am meisten belastet, etwa: »Mich stört im Moment am meisten, dass ... « Könnte dieses Problem vielleicht zwischen Ihnen stehen und auch Ihr Liebesleben beeinträchtigen? Besprechen Sie das Problem mit Ihrem Partner (siehe auch ab Seite 92).

Sexualität ist kein Leistungs-sport. Sinnliche Wünsche kommen und gehen.

KEINE LUST? WAS SIE DAGEGEN TUN KÖNNEN

Gehen Sie den Ursachen der Lustlosigkeit nach! Fragen Sie sich: Welche Gründe können dahinter stecken, dass wir so selten Sex haben? Was kann ich, was können wir dagegen tun?

1. Ungelöste Konflikte

(zum Beispiel Enttäuschung über das Verhalten des Partners)

Mögliche Lösungen: Über das Problem in der Partnerschaft nachdenken, mit dem Partner darüber reden (siehe ab Seite 92)

2. Körperliche Gründe

(schmerzende Dammnaht oder trockene Vagina nach der Geburt)

Mögliche Lösungen: Gleitmittel verwenden (Creme, Öl), schonende Praktiken beim Sex, neue Stellungen ausprobieren, Gespräche

3. Psychische Gründe

(Schwierigkeit, eigene Bedürfnisse zu zeigen, mangelndes Selbstwertgefühl, Ablehnung des eigenen Körpers)

Mögliche Lösungen: Verhältnis zu sich selbst und zum eigenen Körper klären. Lernen, sich selbst zu akzeptieren (siehe ab Seite 151)

4. Zu hohe Ansprüche

(der Partner tritt zu fordernd auf, Überbewertung der Sexualität)

Mögliche Lösungen: Dem anderen eigene Bedürfnisse und Grenzen mitteilen (»Diese Berührung ist mir angenehm/diese nicht«)

5. Zeitmangel, Stress, Müdigkeit

(der Alltag frisst das Paar auf, die Kinder stehen im Mittelpunkt)

Mögliche Lösungen: Termine abbauen, Babysitter einspannen, hin und wieder Stunden zu zweit organisieren (siehe ab Seite 115)

6. Zu viel Nähe, Harmonie, Langeweile

(das Paar hockt ständig ganz eng zusammen)

Mögliche Lösungen: Hin und wieder auf Distanz gehen, mal etwas ohne den Partner unternehmen, Streit zulassen (siehe ab Seite 80).

7. Zu wenig Zärtlichkeit oder Liebe

Mögliche Lösungen: mehr zärtliche Berührungen, Verständnis zeigen

8. Eigene Kindheitserfahrungen

(strenge Erziehung, sexuelle Tabus)

Mögliche Lösungen: Über die eigene Kindheit nachdenken, Gespräche dazu mit dem Partner führen (siehe ab Seite 92)

ten Sie darauf, dass beide halbwegs gleich viel sagen und dass möglichst keine Vorwürfe gemacht werden und keine Aggressionen aufkommen. Gerade im sexuellen Bereich liegen Abweisung, Frust und Aggression dicht beieinander.

Bleiben Sie bei Ihren eigenen Gefühlen und zeigen Sie auch immer wieder mit Blicken oder einer zärtlichen Geste, dass Sie den anderen mögen und das Problem gemeinsam lösen wollen.

Sollten Sie als Paar allein nicht weiterkommen, können Sie bei Beratungsstellen von Pro Familia Hilfe finden. Auch Sexualtherapeuten geben Unterstützung (Tipps für Beratung und Therapie finden Sie ab Seite 57, Adressen im Anhang, Seite 156). Vor allem in der ersten Zeit nach einer Entbindung können außerdem Gespräche mit einer Hebamme oder Ihrem Gynäkologen weiterhelfen.

SO SCHLAGEN SIE LUSTKILLERN EIN SCHNIPPCHEN

Müdigkeit und Stress sind bei den meisten jungen Eltern die Ursachen für die nachlassende Liebeslust. Das ist ganz normal – aber in gewissen Grenzen können Sie etwas dagegen tun.

- Gönnen Sie sich gegenseitig immer wieder Entspannungspausen: Abends können Sie zum Beispiel abwechselnd die Kinder zu Bett bringen (mal übernimmt sie das, mal er). In der Zwischenzeit darf der andere die Beine hochlegen und eine Viertelstunde entspannen. Am Wochenende schlafen Sie abwechselnd am Morgen aus, während der andere früher aufsteht und die Kinder versorgt. Gönnen Sie sich auch hin und wieder abwechselnd ein Mittagsschläfchen. Wenn die Kinder auch noch Mittagsschlaf halten, kann das Eltern-Paar auch gemeinsam ein Nickerchen machen. Im Urlaub: Organisieren Sie mal einen Nachmittag für sie oder ihn allein. Während der eine schläft oder liest, geht der andere mit den Kindern an den Strand oder auf den Spielplatz.
- Teilen Sie sich Haushalt und Kinderbetreuung möglichst gleichberechtigt. Denn sonst ist wahrscheinlich der Partner, der für Kinder und Alltag allein verantwortlich ist, ständig kaputt und lustlos.
- Schalten Sie lieber abends immer wieder mal ganz bewusst den Fernseher ab: Der ist in vielen Partnerschaften nämlich der Lustkiller Nummer eins. Gehen Sie lieber früher ins Bett und bieten Sie sich gegenseitig ein sinnliches »Live-Programm«.

»Schlaf ein wenig. Leg das Telefon aufs Bett. Sieh den Lauf der Welt bei geschlossenen Augen.«
(Karl Krolow, deutscher Schriftsteller)

DEN PARTNER LIEBEN:
MIT KÖRPER, GEIST UND SEELE

SO WICHTIG DIE KÖRPERLICHE LIEBE FÜR DIE PAARBEZIEHUNG IST: GUTER SEX ALLEIN KANN KEINE BEZIEHUNG DAUERHAFT KITTEN, DIE EIGENTLICH INNERLICH HOHL GEWORDEN IST. DENN DIE SEXUALITÄT IST NUR EIN – WICHTIGER – TEIL DER GESAMTEN PAARBEZIEHUNG: SEELISCHE VERBUNDENHEIT, GEMEINSAME ZIELE, GEGENSEITIGER RESPEKT, FREUNDSCHAFT UND VERTRAUEN GEHÖREN EBENSO DAZU.

SICH WIRKLICH ZU LIEBEN HEISST: EINANDER VERSTEHEN

Konflikte, die – oft unausgesprochen – zwischen einem Paar stehen, können das Liebesleben nachhaltig beeinflussen. So werden im Bett nicht selten offene und versteckte Machtkämpfe ausgetragen. Die Frau kann sich beim Sex vielleicht nicht wirklich fallen lassen, weil sie ständig an ein Problem denken muss: Seit Wochen haben beide nicht mehr richtig miteinander geredet. Die Beziehung liegt nach ihrem Empfinden beinahe auf Eis, und plötzlich will er Sex, als sei nichts gewesen.

Allerdings sind es nicht immer nur die Frauen, die Männer zurückweisen. »Er will immer – sie will nie« entpuppt sich in der Praxis als hartnäckiges Vorurteil. Nicht wenige Frauen beschweren sich über ihre sexuell desinteressierten Partner. »Er sitzt nur da, sagt kein Wort und ist nur noch kaputt«, klagt vielleicht die Frau über ihren beruflich gestressten Mann.

In guten Gesprächen liegt eine eigene Erotik.

MITEINANDER IM GESPRÄCH BLEIBEN: EIN WAHRES LIEBESELIXIER

Wer hätte gedacht, dass die Lösung so einfach ist? Es braucht keinen geheimnisvollen Liebestrank, der Gelüste weckt, sondern lediglich immer wieder gute Paar-Gespräche (siehe ab Seite 92). In solchen Gesprächen kann ein Paar sich innerlich näher sein als während leidenschaftlicher Umarmungen.

Erst wenn jeder der Partner das Gefühl hat, dass der andere ihn versteht und ihm innerlich nahe ist, wenn Streitpunkte offen benannt und gar ausgeräumt werden können, dann ist man in der Lage, sich sexuell fallen zu lassen, ohne das Gefühl zu haben, sich ungewollt auszuliefern und ins Bodenlose zu sinken. Gerade Frauen reagieren auf seelische Verletzungen schnell mit Libidoverlust – vor allem solche Frauen, die verbale Auseinandersetzungen scheuen.

Streit kann sich aber sehr positiv auf das Intimleben auswirken (siehe auch ab Seite 98). Denn im Streit werden nicht nur Probleme beim Namen genannt: Sich auseinander zu setzen, sich mit der Meinung des anderen zu befassen, gemeinsam nach der Lösung eines Problems zu suchen – das alles zeigt ja auch, dass sich die Partner noch füreinander interessieren.

Darüber hinaus schaffen Auseinandersetzungen Distanz, und die ist mitunter besser für Erotik und Sex als ständiges langweilig-kuscheliges Einvernehmen. Nach einem guten Streitgespräch kommen oft die alten Liebesgefühle zurück – und was ist schöner als eine intime Versöhnung zu zweit?

Sich gemeinsam an schöne Stunden zu zweit zu erinnern kann helfen, auch schwierigere Zeiten zusammen durchzustehen.

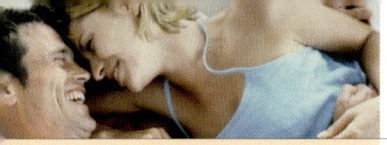

ICH BIN GLÜCKLICH, WEIL ICH LIEBE

Beobachten Sie Ihren Partner einmal ganz bewusst eine Zeit lang: Versuchen Sie zu fühlen, was er jetzt gerade empfindet, was er sich wünscht, was er braucht. Reagieren Sie mit einer passenden Geste zur richtigen Zeit: Wenn Sie das Gefühl haben, dass ein Bedürfnis nach Nähe besteht, dann gehen Sie auf den anderen zu. Wenn offensichtlich Distanz gewünscht wird, dann lassen Sie ihn in Ruhe. Wenn er Hilfe und Unterstützung braucht, greifen Sie ihm unter die Arme. Spüren Sie, welche Gefühle Sie dabei haben. Vielleicht fühlen Sie dabei, dass liebevolles, selbstloses Geben eine tiefe Befriedigung schenken kann.

SICH IN DER LIEBE AUCH INNERLICH BEGEGNEN

Viele Menschen sprechen von Liebe und meinen damit eigentlich, dass sie selbst etwas bekommen möchten. Sie sehen sich als Empfänger, aber nicht als Gebenden. Die Kunst des Liebens besteht jedoch darin, die Liebesfähigkeit in sich selbst zu entwickeln und durch diese Fähigkeit eine tiefe innere Befriedigung zu finden.

Nicht umsonst beklagen sich viele Menschen in Beziehungen darüber, dass sie sich vom anderen zu wenig beachtet und geliebt fühlen, dass sie das Gefühl haben, der Partner meine sie gar nicht als Person, erreiche sie nicht im Innersten.

»Aber ich liebe dich doch«, sagen so auch viele Menschen immer wieder verständnislos. Als würde das Wort Liebe schon alle Mittel und Verhaltensweisen – selbst destruktive – rechtfertigen. Die Liebe kann jedoch nur dann ihre positiven Kräfte entfalten, wenn sie wirklich den anderen meint und erreicht, wenn sie mehr ist als nur ein Wort oder eine hohle Geste.

Liebe ist aber gar nicht unbedingt nur die Kunst großer Worte und beeindruckender Taten: Vielleicht ist es Liebe, den Abwasch zu erledigen oder Brötchen zu holen. Oder mit dem Kinderwagen eine Runde um den Häuserblock zu fahren, damit die Partnerin in Ruhe mit der Freundin telefonieren kann.

In der Liebe stellt sich der Liebende immer wieder die Frage, was der andere wirklich braucht und was gut für den Partner ist. Liebe beinhaltet Fürsorge, Achtung, Verantwortung, Erkenntnis – und sehr

»Liebe ist der Wunsch, etwas zu geben, nicht zu erhalten.«

(Bertolt Brecht)

viel Vertrauen. Lieben bedeutet, an der Entwicklung des anderen teilzuhaben, sich über die Erfolge des Partners zu freuen und daran zu denken, dass es ihm gut geht.

EROTIK – EINE SCHÖNE SPIELART DER LIEBE

Es wird heutzutage viel von Sexualität geredet, aber wenig von Erotik. Das Erotische lebt von der Andeutung, der Phantasie. Erotische Signale sind vage und geheimnisvoll. Sexualität ist direkt, führt ins Bett und kommt mehr oder weniger schnell zum Wesentlichen. Dabei kann gerade in einer Partnerschaft mit Kindern die Erotik eine ganz wichtige Rolle spielen – etwa wenn nach der Geburt der Geschlechts-

KLEINIGKEITEN BELEBEN DIE EROTIK

➤ Wie wäre es mal mit Veränderung? Eine Kette, ein Schal, eine witzige Sonnenbrille oder ungewöhnliche Handschuhe können zu richtigen Hinguckern werden und müssen gar nicht teuer sein.

➤ Überraschen Sie ihn doch mal mit einer neuen Haarfarbe oder einer anderen Frisur. Vielleicht gehen Sie am Samstag zum Friseur, wenn Ihr Mann zu Hause ist und die Kinder hüten kann. Oder Sie suchen sich gleich einen kinderfreundlichen Friseur aus, der neben Kamm und Lockenschere auch noch nette Worte für Ihren Nachwuchs und eine Spielkiste in der Ecke hat.

➤ Lust auf einen Mode-Hit? Viele junge Mütter würden gern mal shoppen gehen, aber geben meist resigniert auf, weil gerade beim Anprobieren der neuen Jeans das Kind schreit. Alleingänge mit Kind sind anstrengend. Deshalb besser mit Freundin oder Partner losziehen – oder das Kind gleich zu Hause beim Mann oder Babysitter lassen. Tun Sie sich öfter was Gutes: Gerade Mütter brauchen das Gefühl, auch als Frau ansprechend und sinnlich zu wirken.

➤ Lassen Sie Ihr Parfüm nicht im Schrank, nur weil es Kindernasen irritieren könnte. Sie müssen den Duft ja nicht gerade beim Hausputz auflegen.

➤ Mutter sein – und Geliebte bleiben! Lassen Sie die Mutter in sich nicht zu übermächtig werden. Wenn Sie auch noch Ihren Mann bemuttern wie einen Sohn, ist das oft das Ende der Erotik.

Erotik – das ist das Spiel zweier Seelen mit ihren Sehnsüchten.

verkehr vorübergehend erst mal Pause hat, wenn in der Stillzeit Babys Hunger zunächst wichtiger ist als die Zärtlichkeit des Ehepaares, wenn aus Zeitmangel und Stress der Weg ins Bett viel zu weit scheint … dann ist die große Stunde der Erotik gekommen!

Sie ist allerdings nicht »bloß« ein Ersatz, weil Sex aus irgendeinem Grund jetzt gerade nicht möglich ist. Erotik ist etwas ganz Eigenes: ein bestimmter Blick, eine Geste, ein stilles Einvernehmen. Erotik ist indirekt und oft voller Rätsel. Sie kann zwar auch zum Sex führen, aber sie genügt sich ebenso selbst.

Wenn ein Paar im Freundeskreis am Tisch sitzt, dann treffen sich vielleicht plötzlich die Blicke der Partner. Jemand macht eine Bemerkung, und beide müssen lachen, weil sie an eine gemeinsame Erinnerung denken. Unter dem Tisch treffen sich ihre Füße. Sie blickt ihn an und blinzelt ihm zu. Er blinzelt zurück: »Weißt du noch, damals …?« Niemand der Anwesenden versteht diese Sprache, keiner bemerkt etwas davon. Pflegen Sie solche Gesten und andere Spielarten der Erotik. Auch in Krisenzeiten können Sie viel Kraft daraus schöpfen.

DAS GEHEIMNISVOLLE, RÄTSELHAFTE BEWAHREN – WIE KANN DAS GELINGEN?

Erotik lebt von Geheimnissen. Aber nach einiger Zeit kennt sich das Paar nur zu gut. Er kennt sie mit Lockenwicklern. Sie hat ihn schon hundertmal beim Zähneputzen beobachtet. Beide sind sich schon fast zu nahe, lassen ihren Gewohnheiten freien Lauf, selbst wenn diese alles andere als erotisch sind. Aber das geheimnisvolle Knistern zwischen Frau und Mann braucht auch eine gewisse Fremdheit und ein wenig Distanz. Die Aussage eines Mannes: »Ich kenne dich gut, aber du bist mir auch nach zehn Jahren immer noch ein Rätsel« kann seine Partnerin also durchaus als ein Kompliment verstehen.

Ein Paar mit Kindern lebt in aller Regel nicht in getrennten Wohnungen, sondern unter einem Dach. Wie können Sie sich in dieser Situation trotzdem Geheimnisse bewahren? Das ist oft gar nicht so schwer, wie es auf den ersten Blick erscheint. Die Frage ist nur, wie wichtig man es selbst nimmt: Nachdem die Kinder geboren sind, läuft so manche junge Mutter nur noch in praktischen T-Shirts herum, weil die sich so bequem mit der Kinderwäsche bei dreißig Grad waschen lassen. Die aufregend durchscheinende Bluse bleibt im Schrank, und die Pumps von einst werden gegen fußfreundliche Treter einge-

»Der schärfste Feind der Erotik sind Nähe und Intimität.«
(Siri Hustredt, schwedische Schriftstellerin)

tauscht. Über Geschmack lässt sich bekanntlich streiten, auch über das, was Mann oder Frau als erotisch empfinden. Schade wäre es aber, wenn neben dem Alltag und der Kinderversorgung irgendwann nur noch das Praktische im Vordergrund stünde oder gar die – vielleicht unbewusste – Haltung zum Gesetz wird: »Bei Müttern hat die Erotik erst einmal Pause.«

Übrigens: Natürlich sollten auch Männer etwas für ihre Ausstrahlung tun. Die weißen Socken und der bequeme Trainingsanzug stehen schon fast sprichwörtlich für »sich einfach gehen zu lassen«. Frauen brauchen jedoch auch etwas fürs Auge – nicht nur Männer.

Eine Flamme, die einmal erloschen ist, muss erst wieder angezündet werden.

ALLEINGÄNGE BELEBEN DIE PARTNERSCHAFT

Neben Geheimnissen braucht die Liebe auch zeitweilige Distanz und eigene Freiräume für jeden Partner. Haben Sie diesen Raum für sich allein? Selbst wenn bei kleinen Kindern die Zeit knapp ist und vieles in Eile erledigt werden muss, so sollten Sie dennoch einmal überlegen, welchen Freiraum Sie sich neben der Familie schaffen könnten. Unternehmungen allein sind für einen selbst nicht nur ein wohltuender Tapetenwechsel: Sie machen dabei wichtige Erfahrungen mit anderen Menschen, und die bringen auch frischen Wind in Ihre Paarbeziehung. Pflegen Sie deshalb ganz persönliche Bereiche für sich. Hängen Sie eigenen Träumen nach. Auch Mütter und Väter dürfen sexuelle Phantasien haben. Schweigen Sie sich über manche Phantasien oder Gedanken ruhig aus: Ihr Partner muss nicht jede Kleinigkeit von Ihnen wissen.

Frau mal ganz allein

Der Einkaufsbummel allein mit der besten Freundin, ein Frauenabend oder die Gymnastikstunde im Turnverein – all das sind Aktivitäten, für die Sie sicher eine Nische in Ihrem Zeitplan finden. Gönnen Sie sich auch zu Hause ein Eckchen, wo Sie lesen, faulenzen, sich gehen lassen können.

Machen Sie hin und wieder die Tür hinter sich zu. Körperpflege-Rituale sind zum Beispiel hinter der geschlossenen Badezimmertür besser aufgehoben als auf dem Präsentierteller. Wenn er anschließend Ihre gut sitzende Frisur bewundert, muss er nicht zuvor dabei gewesen sein, wenn Sie sich die Haarpackung auflegen.

Geschlossene Gesellschaft: Männer-Runden

Auch wenn Sie als Familienvater wahrscheinlich die meiste Zeit – beruflich – außer Haus unterwegs sind, brauchen Sie darüber hinaus Raum für sich allein. Pflegen Sie Freundschaften zu anderen Männern, die vielleicht auch Väter sind.

Gerade solche Väter-Runden sind wichtig, weil »Mann« hier die Möglichkeit hat, auch mal über typisch männliche Gefühle zu sprechen. Das kommt im Alltag sonst leider meist zu kurz. »Wie machst du das denn? ... Und wie macht ihr das?« Solche Gespräche entlasten und bringen manchmal ganz überraschende, neue Ideen für den Alltag mit Frau und Kindern.

Die richtige Balance zwischen Nähe und Distanz hält eine Beziehung am Leben.

WECKEN SIE IHRE SINNE – ENTWICKELN SIE IHRE SINNLICHKEIT

Aufmerksam sehen, riechen, hören, schmecken und fühlen – das geht im Alltag leider oft unter. Achten Sie deshalb darauf, dass Sie immer wieder bewusst Ihre Sinne ansprechen – und das Leben mit allen Sinnen genießen.

- Sehen Sie Ihren Partner immer wieder mit offenen Augen und ganz bewusst an. Beobachten Sie öfter gemeinsam die Natur, zum Beispiel wenn Sie im Garten oder auf dem Balkon sitzen oder einen Spaziergang zusammen machen.
- Hören Sie bewusst die Stimme des anderen. Lauschen Sie gemeinsam Ihrer Lieblingsmusik, am besten mit geschlossenen Augen.
- Riechen Sie den Duft ihrer – oder seiner – Haut. Sorgen Sie im Haus für angenehme Düfte durch Blumen oder Duftöle.
- Schmecken Sie die Haut des anderen beim Liebkosen und Küssen. Lassen Sie den Partner in der Küche Speisen mit geschlossenen Augen probieren, erraten und genießen.
- Berühren Sie den anderen öfter ganz bewusst. Wählen Sie sinnliche Stoffe für Bettwäsche, kuschelige Kissen und Decken. Besor-

Hin und wieder etwas Abstand zum Alltag verändert auch den Blick auf den Partner wieder.

gen Sie sich kleine Requisiten für gegenseitige Massagen (Tipps dazu finden Sie ab Seite 145).

- Bewegen Sie sich gemeinsam in der freien Natur (wandern, Rad fahren). Bewegen Sie sich gemeinsam zu einer Musik, selbst wenn Sie meinen, dass Sie nicht tanzen können.

IMMER GLEICH INS BETT?

Viele Missverständnisse zwischen Paaren kommen daher, dass Annäherungen und Berührungen des anderen oft sofort als Signal für Sex gedeutet werden. Frauen, die nach der Geburt eines Kindes erst einmal erschöpft und häufig auch lustlos sind, lassen sich vielleicht gar nicht mehr vom Partner streicheln, weil sie glauben, es handle sich dabei gleich um eine Art Vorspiel, das zwangsläufig im Bett einen

Genießen Sie das Leben mit allen Sinnen – im Alltag, beim Essen, in der Liebe …

Höhepunkt finden müsse: Sie blockt also ab, damit er gleich Bescheid weiß. Schade, denn so nehmen sich beide unabsichtlich die Chance, gemeinsam ganz neue Wege der Lust zu entdecken. Festgelegte Rituale für Vorspiel, Geschlechtsverkehr und Nachspiel lassen das Intimleben auf Schmalspur-Kurs laufen. Es geht irgendwann nur noch geradeaus zum Ziel. Rechts und links davon gibt es nicht mehr viel. Körperliche Liebe und Erotik lebt aber vor allem von den vielen kleinen Berührungen im Alltag:

- Berühren Sie den anderen im Vorübergehen einfach immer mal an der Schulter, am Arm oder am Rücken. Besonders die zärtliche Berührung der Hände kann eine sehr erotische Geste der Verbundenheit sein.
- Wenn es schon ein Fernsehabend sein muss: Auch dabei müssen Sie nicht weit auseinander sitzen. Setzen Sie sich hin und wieder bewusst nahe neben Ihren Partner, zum Beispiel auf die Armlehne seines Sessels oder dicht neben ihn auf das Sofa.
- Bitten Sie den anderen häufiger, Ihnen ab und an bei ganz praktischen Dingen behilflich zu sein: »Kannst du mir bitte mal die Halskette (den Reißverschluss) zumachen?«, oder: »Cremst du mir bitte mal den Rücken ein?« Diese Bitten um kleine Liebesdienste schaffen Nähe im Alltag.
- Berühren Sie sich auch selbst. Entdecken Sie Ihren Körper als Quelle der Lust. Duschen Sie zum Beispiel mit geschlossenen Augen und spüren Sie intensiv, wie das Wasser über Ihre nackte Haut rinnt. Cremen Sie sich nach dem Duschen lustvoll ein, vielleicht bei geschlossenen Augen, ohne den kritischen Blick in den Spiegel. Spüren Sie dabei, mit welchen Zonen des Körpers Sie sich liebevoll verbunden fühlen.

ZÄRTLICHE BEGEGNUNG: PARTNERMASSAGE

Der Wunsch nach Körperkontakt ist eines der wichtigsten menschlichen Bedürfnisse. Und die meisten Menschen bekommen lange nicht so viel an körperlicher Berührung und Zärtlichkeit, wie sie sich wünschen. Schade, denn diese Form menschlicher Nähe baut Stress ab und tut Körper und Seele gut. Und auch eine Partnerschaft profitiert von zärtlichen Berührungen, sanftem Streicheln und Massagen. Eine Partnermassage gibt Ihnen nicht nur ein angenehmes Gefühl der Entspannung: Sie können dabei lernen, loszulassen, sich dem ande-

»Liebe ist das Einzige, was wächst, wenn wir es verschwenden.«
(Ricarda Huch, Schriftstellerin)

ren anzuvertrauen, angenehme Nähe zu genießen. Sie erfahren, dass es viele Möglichkeiten gibt, einander auch ohne direkte sexuelle Absicht zu berühren. Das kann Ihre Paarbeziehung ungemein bereichern. Bei einer Kurzmassage (siehe ab Seite 148) können übrigens durchaus auch Ihre Kinder anwesend sein.

DIE MASSAGE VORBEREITEN

■ Während eine kurze Massage zwischendurch keine Vorbereitung braucht, sollten Sie für längere Massagen den Raum etwas vorbereiten: Legen Sie ein Badetuch aufs Bett und sorgen Sie dafür, dass es angenehm warm ist – die Zimmertemperatur sollte etwa 25 °C betragen. Der Partner, der massiert wird, liegt nackt oder nur wenig bekleidet auf dem Bauch. Wenn es kalt wird, sollten Sie die Körperteile, die gerade nicht massiert werden, mit einem dicken Badetuch oder einer Decke schützen.

■ Wenn Sie ein Massageöl benutzen, wärmen Sie es vorher leicht an. Gießen Sie das Öl in ein Schälchen und stellen Sie dies kurz auf die Heizung. Sie können auch eine Duftkerze oder Duftlampe aufstellen. Angenehme Musik vertieft die Entspannung. Vor der Massage sollten Sie Ihre eigenen Hände durch Reiben vorwärmen.

Liebesbeweis, Einschlafhilfe und erotische Anregung – Massage kann vieles sein.

SO WIRD DIE MASSAGE NOCH ANGENEHMER

➤ Achten Sie beim Massieren darauf, dass Sie immer eine Hand am Körper des Partners lassen. Vermeiden Sie Pausen beim Massieren. So kann die Energie fließen, und die Massage ist besonders angenehm für Ihren Partner.

➤ Kneten und massieren Sie nur die Muskeln, niemals direkt auf Knochen. Am Rücken massieren Sie also beispielsweise rechts und links neben der Wirbelsäule, nicht darauf. Arbeiten Sie von oben nach unten, etwa am Rücken vom Nacken zu den Beinen hin.

➤ Arbeiten Sie mit den Fingerspitzen, eventuell auch mit Fingergelenken und Handflächen. Sie können sanft streicheln, aber auch kneten, zupfen, schieben, klopfen oder schütteln.

STREICHELEINHEITEN FÜR DEN GANZEN KÖRPER: SO WIRD'S GEMACHT

Wenn Sie mehr Zeit haben und die Kinder nicht im Haus sind, genießen Sie es ruhig immer wieder einmal, sich gegenseitig am ganzen Körper zu massieren. Wichtig ist: Im Vordergrund steht nicht eine bestimmte »Technik«. Vertrauen Sie Ihrem Gefühl – und dem Ihres Partners. Die Massage sollte aus einer Einleitung, einem Hauptteil und einem Schluss bestehen.

Der Auftakt zum Verwöhnen

Wenn Sie massiert werden, sagen Sie zu Beginn, was Sie sich wünschen: »Ich fühle mich niedergeschlagen. Ich brauche leichte Streichelmassage.« Oder: »Ich bin total verspannt. Heute brauche ich was Kräftiges. Knete mich mal richtig durch.« Der andere begrüßt Ihren Körper, indem er ihn mit einer langen Bewegung einmal von den Schultern abwärts bis zu den Zehen streichelt.

Jetzt geht es richtig zur Sache

Im Hauptteil der Massage werden einzelne Körperteile gezielt massiert. Von den Schultern über den Rücken, über Arme, Po, Beine bis hin zu den Füßen. Dabei können Sie gezielt auf die Wünsche des Partners eingehen und an einzelnen Stellen länger verweilen. Vielleicht verändern Sie Stärke und Druck der Berührung und wechseln hin und wieder zwischen Streicheln, Kneten, Klopfen … Beobachten Sie, wie Ihr Partner darauf reagiert. Sprechen Sie auch während der Mas-

> »Alle echte Begabung beginnt und wurzelt im Sinnlichen.«
> (Hermann Hesse)

147

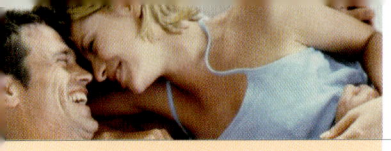

sage miteinander. Wenn Sie massieren, fragen Sie den anderen, ob die Massage angenehm ist und welche Stellen des Körpers Sie besonders intensiv massieren sollen. Der andere sollte seine Gefühle ausdrücken: »Das ist angenehm … da bitte nicht so fest …«

Die Massage ausklingen lassen

Zum Schluss verabschieden Sie sich, indem Sie den ganzen Körper Ihres Partners von oben nach unten mit einer großen Geste ausstreichen. Beginnen Sie an den Schultern und streichen Sie dann bis zu den Füßen in einer Bewegung abwärts. Damit sollen frei gewordene, unerwünschte Energien und Belastungen abgeleitet werden. Danach können Sie die Rollen tauschen, und der andere wird verwöhnt.

DIE KURZMASSAGE FÜR ZWISCHENDURCH

Nicht immer ist Zeit und Gelegenheit für eine ausgedehnte Ganzkörpermassage. Aber auch eine kurze Massage zwischendurch kann eine Wohltat sein – und sie kann im Alltag ohne größere Vorbereitung stattfinden – zum Beispiel vor dem Fernseher, auf dem Sofa oder während eines kurzen Gesprächs – und kostet nur wenige Minuten. Der Partner, der massiert werden soll, setzt sich bequem hin. Der andere steht oder sitzt dahinter. Sie brauchen kein Massageöl. Die Massage beschränkt sich auf den Schulter-Nacken-Bereich beziehungsweise auf den oberen Rücken, die Arme und eventuell den Kopf. Es müssen dafür auch lediglich dicke oder einengende Kleidungsstücke – etwa ein Rollkragenpullover – ausgezogen werden.

Massieren Sie vor allem den Schulter-Nacken-Bereich Ihres Partners. Hier ist die Muskulatur oft verspannt und verhärtet. Wenn Sie dem anderen die Hände auf Schläfen und Stirn legen und die Kopfhaut wie beim Haarewaschen mit den Fingerspitzen sanft massieren, wird das oft nicht nur als sehr entspannend, sondern auch als ausgesprochen erotisch erlebt.

ZÄRTLICH VERWÖHNEN MIT EROTISCHEN MASSAGEN

Ein besonderer sinnlicher Höhepunkt kann eine erotische Massage sein: Sie beginnen ähnlich wie bei einer normalen Ganzkörpermassage damit, dass Sie den Körper Ihres Partners durch einige Streich- und Knetbewegungen auflockern. Danach dreht sich der Partner auf den Rücken, und Sie streicheln sein Gesicht, die Brust, den Bauch … Allmählich nähern Sie sich den erogensten Zonen. Berühren Sie diese

Der indische Begriff Tantra bedeutet so viel wie »verweben« oder »ausdehnen«.

zunächst nicht direkt, sondern streicheln Sie den Körper Ihres Partners rund um die Genitalien. Ganz sicher: Das wird ihm – oder ihr
– schnell Lust auf mehr machen …

KÖRPERLICHE LIEBE – DAS FEUER ENTFACHEN

Sex in festen Beziehungen ist immer wieder anders: Er kann kurz sein,
zum Beispiel während des Mittagsschlafes am Wochenende. Er kann
länger dauern, vielleicht wenn die Kinder mal außer Haus sind. Er
kann beiden Partnern Befriedigung verschaffen oder nur einem. Er
kann unterbrochen werden, etwa wenn die Kinder an die Tür klopfen oder das Telefon klingelt. Er kann spontan sein, aber auch geplant.
Bei Paaren mit Kindern sind oft Improvisationstalent und Phantasie
gefragt. Werfen Sie besser alle Vorstellungen von »idealem Sex« über
Bord, der wild ist und ekstatisch und immer bei beiden zum Orgasmus führt – denn die führen ziemlich sicher zu Enttäuschungen. Gerade der gemeinsame Orgasmus ist meist eine Legende. In der Regel
gibt es Zeitunterschiede beim sexuellen Höhepunkt. Und in diesem
»Nacheinander« liegt ja auch eine ganz eigene Spannung.

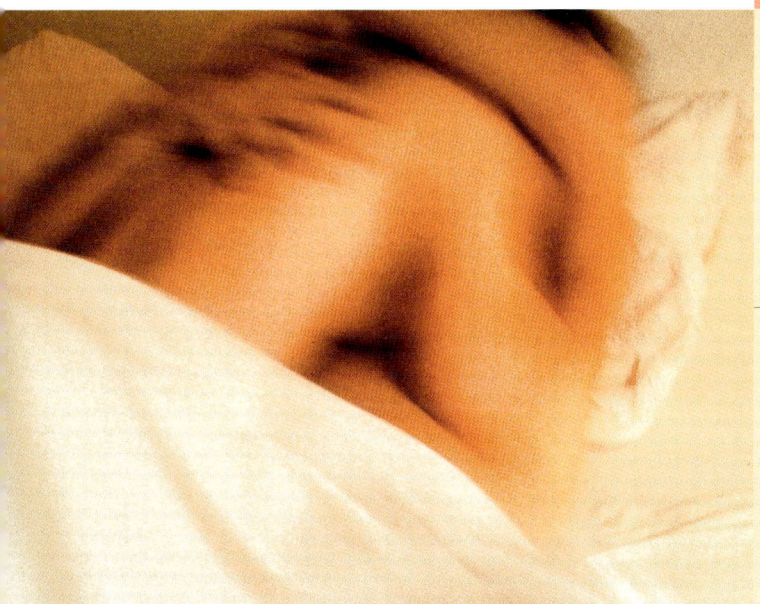

»Sinnlichkeit ist die
Eintrittskarte in den
Garten der Gefühle.«
(Ernst Ferstl,
österreichischer Dichter)

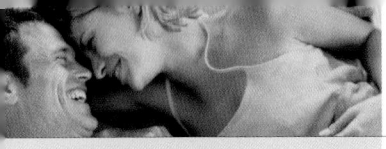

DIE BEDÜRFNISSE BEIDER PARTNER SPÜREN

Heute sind vor allem Frauen in der Sexualität freier und offener als noch vor wenigen Jahrzehnten. Das bedeutet aber nicht, dass sich die Bedürfnisse der Partner immer treffen. Viele Menschen haben immer noch große Probleme, ihre sexuellen Wünsche offen zu zeigen. Vielleicht spielen Tabus aus der eigenen Erziehung eine Rolle, die noch immer mitschwingen. Gerade Frauen sind außerdem so sehr damit beschäftigt, für andere zu sorgen, dass sie selbst mit ihren Bedürfnissen dabei mitunter völlig ins Hintertreffen geraten.

Die meisten Frauen sind sehr wohl in der Lage, durch Selbstbefriedigung ohne große Schwierigkeiten zum Orgasmus zu gelangen. In der Sexualität mit dem Partner ist das aber keineswegs selbstverständlich. Oft liegt es daran, dass der Partner im Unklaren darüber gelassen wird, was der Frau wirklich Spaß macht. Tun Sie etwas dagegen!

Stehen Sie zu Ihren Bedürfnissen und zeigen Sie diese auch – erraten kann sie niemand.

EIN TIPP FÜR FRAUEN: ZEIGEN SIE IHM RUHIG, WAS IHNEN GEFÄLLT

Machen Sie aus Ihren sexuellen Wünschen kein Geheimnis. Sagen Sie Ihrem Partner, was Ihnen Lust bereitet, oder führen Sie seine Hand dorthin, wo Sie gern berührt werden möchten. Übernehmen Sie überhaupt beim Liebesspiel immer wieder einmal die Führung.

TANTRA: MIT DEM HÖHEPUNKT SPIELEN

Mit Hilfe der indischen Liebeskunst des Tantra können Sie lernen, mit Herz und Sinnen zu lieben – aber auch mit Ihrer Erregungskurve zu experimentieren und den Höhepunkt hinauszuzögern: Lassen Sie die Erregung kommen und gehen, ohne ein festes Ziel anzustreben. Berührungen und Massagen ohne Orgasmus-Zwang zeigen Ihnen ganz neue Möglichkeiten des Genusses. Verlangsamen Sie die Bewegungen beim Sex, um nach einer Pause wieder von vorn zu beginnen. Gegen die vorschnelle Ejakulation des Mannes – die häufig stressbedingt ist – hilft ein einfacher Trick aus der Praxis des Tantra: Drücken Sie beim Vorspiel zehn bis fünfzehn Sekunden unterhalb der Eichel oder vor dem Samenerguss fest auf den Damm zwischen Hoden und Anus, bis die Erregung wieder etwas abklingt. So verhindern Sie, dass das Liebesspiel vorschnell zu Ende ist.

Gerade nach einer Entbindung, wenn die körperliche Liebe wieder beginnt, ist das besonders wichtig. Meist empfinden Frauen jetzt zu starken Druck als unangenehm, zum Beispiel auf dem hinteren Teil der Vagina zur Dammnaht hin. Auch die in der Stillzeit recht berührungsempfindlichen Brüste können schmerzen. Diese Probleme lösen Sie oft schon, indem Sie einfach einmal andere Stellungen ausprobieren, zum Beispiel, indem die Frau oben liegt. Auch die sexuelle Vereinigung in der Seitenlage wird von vielen Paaren jetzt als angenehm empfunden.

Übrigens: Massageöl oder Gleitcreme sind nicht nur für die trockene Vagina gut, sondern erleichtern eine angenehme, schonende Stimulierung der Klitoris. Allerdings sollten Sie darauf achten, dass manche Öle die Sicherheit von Kondomen beeinträchtigen (siehe auch Kasten Seite 21).

Viele junge Mütter haben Hemmungen bei der körperlichen Liebe, weil sie mit ihrem eigenen Körper unzufrieden sind. Beim selbstkritischen Blick in den Spiegel finden sie ihren Bauch zu dick, die Hüften zu breit, den Busen zu groß oder zu klein. Und in den allermeisten Fällen sind diese Bedenken wirklich völlig überflüssig, denn Männer können sie oft überhaupt nicht nachvollziehen.

Hingabe im Bett klappt aber besser, wenn eine Frau nicht ständig daran denkt, dass ihr Bauch (noch) nicht in Form ist. Wer sich selbst nicht mag, kann die körperliche Liebe nicht unbeschwert genießen, und dann fällt es bald auch dem Partner schwer, seine Liebe ungezwungen auszudrücken. Denn selbst wenn er ihr immer wieder sagt: »Ich finde dich schön«, prallen diese Worte an manchem weiblichen Selbstzweifeln ab.

»Zum Selbstbewusstsein gehört, dass man seine Besonderheit eher pflegt als ablegt.«
(Christa Grasmeyer, deutsche Autorin)

ÜBUNG: 10 GRÜNDE, SICH SELBST ZU LIEBEN

Wenn Sie – trotz gegenteiliger Beteuerungen Ihres Partners – immer wieder von Selbstzweifeln geplagt werden und Ihren Körper da und dort so gar nicht schön finden, dann machen Sie sich selbst – ehrliche – Komplimente. Sagen Sie zum Beispiel: »Ich habe schöne Augen, glänzende Haare, lustige Grübchen, ein nettes Lachen …«

Versuchen Sie, mindestens zehn Gründe zusammenzutragen, warum Sie liebenswert und schön sind. Wenn Ihnen noch mehr einfallen, umso besser! Wenn Sie mögen, schreiben Sie sich die Gründe auf – und rufen Sie sich so öfter mal wieder ins Gedächtnis.

Zärtliche Berührungen sind ein sehr direkter Ausdruck der Zuneigung und Liebe.

Und auch das ist sehr wichtig: Vergleichen Sie sich nicht mit den Hochglanzfotos von jugendlichen, perfekt gestylten Models aus Zeitschriften. Wenn Sie schon unbedingt nach Vergleichsmöglichkeiten suchen, betrachten Sie doch mal Frauen, die etwa in Ihrem Alter und vielleicht ebenfalls Mütter sind.

Fragen Sie sich ruhig auch immer wieder einmal, was Sie selbst bei Ihren Freundinnen oder weiblichen Bekannten faszinierend, schön und liebenswert finden: In der Regel wird es nicht deren perfekte Figur sein!

ÜBUNG: EINE REISE DURCH DEN KÖRPER

Die folgende Übung hilft Ihnen, sich zu entspannen, den eigenen Körper besser zu spüren und aufmerksamer auf Ihre innere Stimme zu hören. All das sind wichtige Voraussetzungen für mehr Freude an der körperlichen Liebe.

SO WIRD'S GEMACHT

Sie brauchen für die Übung etwa 15 Minuten Zeit, in der Sie möglichst ungestört sind. Setzen Sie sich an einen stillen Ort. Lehnen Sie sich entspannt zurück und schließen Sie die Augen. Lassen Sie Ihre Aufmerksamkeit durch Ihren Körper wandern: vom Kopf über Hals, Brust und Bauch, nach und nach immer weiter hinunter bis zu den Füßen. Dann langsam an der Rückseite der Beine, über den Po und am Rücken entlang wieder hinauf. Berücksichtigen Sie sowohl die Vorderseite als auch die Rückseite Ihres Körpers. Verweilen Sie mit Ihrer Aufmerksamkeit dort länger, wo Sie besonders angenehme Gefühle empfinden …

Wenden Sie sich nun Ihrer Atmung zu. Verändern Sie diese nicht, sondern lassen Sie ihr den ganz natürlichen Lauf. Achten Sie lediglich ganz bewusst darauf, wie die Luft ein- und ausströmt. Fühlen Sie, wie sich Ihre Bauchdecke oder Ihre Brust beim Atmen leicht hebt und dann wieder senkt.

Wenn Sie möchten, können Sie sich nun auch einem inneren Bild zuwenden. Stellen Sie sich etwas vor, das in Ihnen Gefühle der Liebe wachruft: eine Landschaft, eine vergangene Begegnung oder das Bild Ihres Liebsten. Wichtig sind die positiven Empfindungen, die Sie bei dieser Vorstellung spüren. Nach einer Weile beenden Sie Ihre Reise durch den Körper.

»Die längste Reise ist die Reise nach innen.« (Dag Hammarskjöld, schwedischer Politiker)

DANACH: EMPFINDUNGEN UND GEFÜHLEN LAUSCHEN

Wie fühlt sich Ihr Körper jetzt an? Wie fühlen Sie sich selbst in Ihrem Körper? Sie können später irgendwann diese »Reise« auch mit Ihrem Partner machen. Führen Sie den anderen dabei mit Worten oder mit Bewegungen an die Stellen Ihres Körpers, die Sie als besonders lebendig und lustvoll erleben.

Dabei entdecken Sie vielleicht Zonen, die von den meisten gar nicht als »erogen« angesehen werden. Und Sie werden merken, dass Ihr Körper eine Quelle der Lust und Liebe ist.

BÜCHER, DIE WEITERHELFEN

*Ratgeber für die Situation
in der jungen Familie:*

El-Giamal, Muna:
Wenn ein Paar zur Familie wird.
Huber, Göttingen 1999

Filker, Claudia:
Die Kinder-Überraschung:
Paare werden Eltern.
R. Brockhaus, Haan 1998

Graf, Johanna:
Wenn Paare Eltern werden.
Verlagsgruppe Beltz, Weinheim 2002

Preuschoff, Gisela:
Von nun an zu dritt.
Patmos, Düsseldorf 2002

Reichle, Barbara:
Die Geburt des ersten Kindes:
Eine Herausforderung für die
Partnerschaft.
Kleine, Bielefeld 1994

Rund um die Partnerschaft:

Beck, Ulrich; Beck-Gernsheim,
Elisabeth:
Das ganz normale Chaos der Liebe.
Suhrkamp, Frankfurt/M. 1990

Berger, Alexandra; Ketterer, Andrea:
Basics for Lovers.
Gräfe und Unzer Verlag, München

Engel, Joachim; Thurmaier, Franz:
Wie redest du mit mir? Fehler und
Möglichkeiten der Paarkommunika-
tion.Herder, Freiburg 2001

Gottmann, John M.; Silver, Nan:
Die 7 Geheimnisse der glücklichen
Ehe. Ullstein, München 2002

Hilsberg, Regina:
Mehr Zeit für uns: Wie Sie den
Alltag richtig organisieren.
Rowohlt, Reinbek 1999

Jellouschek, Hans:
Wie Partnerschaft gelingt.
Herder, Freiburg 2001

Moeller, Michael Lukas:
Die Wahrheit beginnt zu zweit:
Das Paar im Gespräch.
Rowohlt, Reinbek 1992

Rogge, Julia:
Den Alltag in den Griff bekommen.
Familien-Management.
dtv, München 2000

Schindler, Margarete:
Heute schon geküsst? Paare brauchen Rituale. Herder, Freiburg 1998

Tannen, Deborah:
Du kannst mich einfach nicht
verstehen. Mosaik bei Goldmann,
München 1998

Wallerstein, Judith; Blakeslee,
Sandra:
Gute Ehen. Wie und warum die
Liebe dauert. Beltz, Weinheim 1996

Und plötzlich Mutter:

Dalton, Mary:
… Mutter sein dagegen sehr. Eine
Geschichte vom ganz normalen Fa-
milienchaos. Herder, Freiburg 2000

Ecker, Diana:
Aphrodites Töchter. Wie Frauen
zu erfüllter Sexualität finden.
Kösel, München 2000

Hotfilter-Menzinger, Christiane:
Keine Lust auf Lust. Sexualität nach
der Geburt. Piper, München 1995

Mendelsloh, Nina; Sorokin, Janette:
Kind und Job – das schaffe ich.
Gräfe und Unzer Verlag, München

Münch, Bettina:
Ich will alles: Glücklich mit Kind,
Job und Partner
Krüger, Frankfurt/M. 2000

Schenk, Herrad:
Wieviel Mutter braucht der
Mensch? Rowohlt, Reinbek 1997

Hilfreich für Väter:

Ruhe, Ralf:
Kinder machen Männer stark –
Vater werden, Vater sein.
Rowohlt, Reinbek 2000

*Weitere empfehlenswerte
Ratgeber (aus dem Gräfe und
Unzer Verlag, München):*

Baur, Dr. Eva Gesine; Schmid-Bode,
Dr. med. Wilhelm:
Glück ist kein Zufall.

Herzog, Dagmar:
Die Kraft der Emotionen.

Lockstein, Carolyn; Faust, Susanne:
Relax! Der schnelle Weg zu neuer
Energie.

Schutt, Katrin:
Massagen – Wohltat für Körper
und Seele.

Seiwert, Lothar:
Das Bumerang-Prinzip. Mehr Zeit
fürs Glück.

*Ratgeber rund ums Thema
Kinder (aus dem Gräfe und
Unzer Verlag, München):*

von Cramm, Dagmar; Schmidt,
Prof. Dr. med. Eberhard:
Unser Baby. Das erste Jahr.

Keudel, Dr. med. Helmut:
Kinderkrankheiten.

Kunze, Petra; Salamander,
Catharina:
Die schönsten Rituale für Kinder,
und:
Kinder fördern im Alltag.

Pulkkinen, Anne:
PEKiP: Babys spielerisch fördern.

Seßler, Sylvia:
Unser Baby (Babykalender für die
ersten 12 Monate).

Stamer-Brandt, Petra; Murphy-Witt,
Monika:
Das Erziehungs-ABC: Von Angst
bis Zorn.

Voormann, Christina; Dandekar,
Dr. med. Govin:
Babymassage: Berührung, Wärme,
Zärtlichkeit.

ADRESSEN, DIE WEITERHELFEN

Kostenlose Info-Broschüren:
Bundeszentrale für gesundheitliche
Aufklärung:
»Vom Paar zur Familie«
Bestelladresse: BZgA, 51101 Köln

Bundesministerium für Familie,
Senioren, Frauen und Jugend:
»Kindergeld«, »Erziehungsgeld, Er-
ziehungszeit«, »Staatliche Hilfen für
Familien«, »Zurück in den Beruf«
Bestelladresse: Postfach 20 15 51,
53145 Bonn

Familienbildungsstätten
Bieten Kurse zu Schwangerschaft,
Geburt, Elternschaft, Partnerschaft.
Adressen finden Sie im Telefonbuch.

Überregionale Verbände:
Bundesarbeitsgemeinschaft Evan-
gelischer Familienbildungsstätten
(BAGE e.V.)
Deutenbacher Str. 1, 90547 Stein

Bundesarbeitsgemeinschaft Katholi-
scher Familienbildungsstätten e.V.
Prinz-Georg-Str. 44
40477 Düsseldorf

Gesellschaft für Geburtsvorberei-
tung Bundesverband e.V.
Dellestrasse 5, 40627 Düsseldorf
(vermittelt Familienbegleiterinnen)

*Finanzielle Hilfen für junge
Familien:*
Informationen bekommen Sie bei
den Familienberatungsstellen.
Adressen finden Sie im Telefonbuch.

*Infos zu EPL-Kursen
(siehe Seite 101):*
»Gesprächstraining für eine bessere
Paarbeziehung«
Christoph-Donier-Stiftung
Institut Braunschweig an der TU
Konstantin-Uhde-Straße 4
38106 Braunschweig
Oder:
Arbeitsgemeinschaft Katholische
Familienbildungsstätten
Mainzer Straße 47, 53179 Bonn
info@akf-bonn.de, www.akf-bonn.de

Therapeutische Hilfe:
Adressen von Paar- oder Familientherapeuten gibt es bei den örtlichen Krankenkassen, der kassen-
ärztlichen Vereinigung oder beim:
Psychotherapie-Informations-Dienst
Heilsbachstraße 22, 53123 Bonn
www.Psychotherapiesuche.de

Adressen von Beratungsstellen
bekommen Sie über die:
Deutsche Arbeitsgemeinschaft für
Jugend- und Eheberatung
Neumarkter Str. 84 c
81673 München
Die Stelle arbeitet überparteilich
und ist konfessionell nicht gebun-
den. Ein ständig aktualisierter Bera-
tungsführer nennt Ihnen Beratungsstellen in Ihrer Umgebung unter:
www.dajeb.de

Deutsche Gesellschaft für
systemische Therapie und
Familientherapie (DGSF)
Pohlmanstr. 13, 50735 Köln

SACHREGISTER

IMPRESSUM

© 2003 Gräfe und Unzer
  Verlag GmbH, München

Alle Rechte vorbehalten. Nachdruck, auch auszugsweise, sowie Verbreitung durch Bild, Funk, Fernsehen und Internet, durch fotomechanische Wiedergabe, Tonträger und Datenverarbeitungssysteme jeder Art nur mit schriftlicher Genehmigung des Verlages.

Redaktion Reinhard Brendli

Lektorat Ina Raki

Fotos Corbis: vordere Umschlagseite, S. 1, 42, 54; Christian Dahl: S. 146; IFA: S. 6, 18, 24, 36, 104, 125, hintere Innenklappe; Image Bank: S. 4, 10, 26, 48, 80, 82, 88, 97, 102, 112, 120, 129, hintere Umschlagseite; Imagine: S. 9, 23, 56, 107, 137; Look: S. 131; Mauritius: S. 3, 13, 33, 63, 68, 78, 85, 92, 141, 143, 149; Okapia: S. 98; Photonica: S. 51, 117; Pictor: S. 45; Tom Roch: S. 109, 152; Reiner Schmitz: S. 144; Brigitte Wilmes-Mielenhausen: hintere Aussenklappe; ZEFA: S. 72, 76

**Covergestaltung
und Layout**
Independent Medien-Design,
München

**GRÄFE
UND
UNZER**

Ein Unternehmen der
GANSKE VERLAGSGRUPPE

Gesamtgestaltung und Satz
Ludger Vorfeld, München

Herstellung
Renate Hutt

Lithos: w&co Media Services

Druck und Bindung:
Druckhaus Kaufmann, Lahr

ISBN 3-7742-5470-2

Auflage 5.   4.   3.   2.   1.
Jahr   2007 2006 2005 2004 2003

Umwelthinweis

Dieses Buch wurde auf chlorfrei gebleichtem Papier gedruckt. Um Rohstoffe zu sparen, haben wir auf Folienverpackung verzichtet.

Wichtiger Hinweis

Gedanken, Methoden und Anregungen in diesem Buch stellen die Meinung beziehungsweise Erfahrung des Verfassers dar. Sie wurden vom Autor nach bestem Wissen erstellt und mit größtmöglicher Sorgfalt geprüft. Dennoch können nur Sie selbst entscheiden, ob diese Vorschläge auf Ihre Lebenssituation übertragbar und für Sie passend und hilfreich sind. Weder die Autoren noch der Verlag können für eventuelle Nachteile oder Schäden, die aus den im Buch gegebenen praktischen Hinweisen resultieren, eine Haftung übernehmen.